AF233038

ÉLÉMENS
DE STEREOTOMIE,

A L'USAGE
DE L'ARCHITECTURE,
POUR
LA COUPE DES PIERRES.

PAR M. FREZIER, *Lieutenant Colonel,*
Chevalier de l'Ordre Royal & Militaire de Saint
Louis, Directeur des Fortifications de Bretagne.

TOME SECOND.

A PARIS,

Chez Ch. Ant. Jombert, Imprimeur-Libraire du Roi,
pour l'Artillerie & le Génie, quai des Augustins, à
l'Image Notre-Dame.

———————————

M. D. CC. LX.

AVEC APPROBATION ET PRIVILEGE DU ROI.

ERRATA *du second Tome.*

PAGE 7, *ligne* 10, O6, *lisez*, e6.

Page 26, *lig.* 5, DHEG, *lis.* DHFG.

Page 33, *lig.* 25, *lhq, lis. fhq.*

Page 41, *lig.* 9, à surprendre. *Voyez* la Pl. X.

Page 48, *lig.* 26, arrêtes, *lis.* arêtes.

Page 55, *lig.* 17, *idem, lis.* arêtes.

Page 70, *lig.* 9, BH, *lis.* BV.

Page 72, *lig.* 22, AC, *lis.* AE.

Page 88, *ligne antépénultieme* BD, *lis.* Bd.

Page 100, *lig.* 4, PH, *lis.* CH.

Page 109, *lig.* 23, profil *hb, lis.* de profil *hbP*, de coupe, &c.

Page 117, *lig.* 7, PC*a, lis.* PCA.

Ibid. *lig.* 26, SI, *lis.* S*b*.

Page 171, *ligne derniere*, adoptée, *lis.* adaptée.

Page 197, *lig.* 19, cercle, *lis.* cerche.

Page 213, *lig.* 5, & zimutaux, *lis.* Azimutaux.

Page 244, *ligne derniere*, d'interjection, *lis.* d'interjection.

Page 253, *ligne derniere*, comme en A, *lis.* commun en A.

OMISSIONS *& fautes d'indication des Figures à ajouter à la marge avant que de lire.*

PAGE 6, *ligne* 18, *figure* 125.

Page 7, *lig.* 11, *fig.* 126.

Page 9, *lig.* 4, *fig.* 124 & 125.

Page 14, *lig.* 24, *fig.* 130.

Page 15, *lig.* 4, *fig.* 131.

Page 26, *lig.* 5, *fig.* 134.

TABLE

DES CHAPITRES,

Et des principaux fujets contenus dans ce volume.

TABLE

Fin de la Table de ce volume.

ÉLÉMENS
DE STEREOTOMIE
A L'USAGE
DE L'ARCHITECTURE
POUR
LA COUPE DES PIERRES.

PREMIERE PARTIE.

De la description des Sections à double courbure, qui ne peuvent être décrites sur des surfaces planes, mais seulement sur les concaves ou convexes des corps qui se pénetrent mutuellement, de l'intersection desquels elles sont originaires.

ON a vu ci-devant que, pour déterminer les courbures des sections planes, il falloit connoître le rapport des abscisses & des ordonnées des axes, ou de quelques diametres ; ce qu'on peut comparer aux di-

Tome II.   A

menfions de longueur & largeur : mais ces
deux dimenfions ne fuffifent pas pour déterminer les points du contour d'une ligne
à double courbure, il en faut une troifieme, qu'on peut comparer à la profondeur, comme dans les folides ; c'eft pourquoi nous les appellons quelquefois des
fections folides, pour les diftinguer des planes.

Nous leurs affignons auffi deux axes, un
droit & un courbe, comme la corde &
l'arc ; les co-ordonnées au premier nous
donnent les longueurs & largeurs ; & la
courbure du fecond, en s'éloignant de l'axe
droit, nous détermine la hauteur au deffus
ou la profondeur au deffous, qui augmente
ou diminue, fuivant la différence des ordonnées de l'axe droit au courbe.

Mais comme cette troifieme dimenfion
eft hors du premier plan des longueurs &
largeurs d'une fection plane, elle ne peut y
être repréfentée que comme une ligne en
l'air, par le moyen de la projection, qui
en raccourcit la mefure : on eft obligé de la chercher par la fuppofition d'une
nouvelle fection plane, parallele à la premiere, & dont l'intervalle eft connu par
une épaiffeur de tranche donnée à volonté,
laquelle comprendra une plus grande ou
plus petite partie de la courbure que l'on
cherche, felon que le corps rond eft coupé

perpendiculairement ou obliquement ; ce moyen étant le plus simple & le plus commode, nous croyons pouvoir en faire une *maxime générale de pratique.*

Pour trouver les hauteurs ou profondeurs des courbes à double courbure, formées par les interfections des corps ronds, il n'eft point de moyen plus commode que celui de les divifer par tranches planes, & paralleles entr'elles, d'une épaiffeur donnée à volonté, fuivant le plus ou moins de précifion que l'on fe propofe, & la multiplicité des points que l'on cherche de ces courbes ; étant évident que plus ces tranches feront minces, plus on aura de points près à près.

Sur quoi il faut obferver que ces tranches pouvant être dirigées en différentes pofitions, à l'égard des centres, des axes ou des côtés des corps ronds, il en réfulte des interfections de furfaces d'un contour plus ou moins facile à tracer. Je m'explique par un exemple : Si un cylindre & une fphere fe pénétrent, on peut couper ces deux corps inégaux par tranches, fituées de trois manieres, ou perpendiculairement à l'axe du cylindre, ou parallelement ou obliquement à cet axe.

Si l'on coupe ces deux corps inégaux par tranches perpendiculaires à l'axe du cylindre, elles produiront des cercles d'une grandeur constante dans le cylindre, & variée dans la sphere, en ce que ceux qui approcheront le plus du centre seront les plus grands, & au contraire plus petits, à mesure qu'ils s'en éloigneront, & la courbe de l'intersection de leurs surfaces sera fort facile à trouver, en ce qu'elle sera dans une suite d'intersections de cercles.

Si au contraire les tranches qui coupent ces deux corps sont en situation parallele à l'axe du cylindre, elles seront terminées dans le cylindre par des parallélogrammes plus ou moins larges, à mesure qu'elles approchent de l'axe, & dans la sphere par des cercles inégaux : l'intersection de leurs surfaces consistera donc dans une suite d'intersections de lignes droites qui seront les côtés de ces parallélogrammes, & d'arcs de cercles ; ce qui est encore facile à déterminer.

Mais si les tranches sont en situation oblique à l'axe du cylindre, elles seront terminées par le contour des ellipses, formées dans le cylindre coupé obliquement, lesquelles seront toujours d'une grandeur constante, parce qu'on suppose les tranches d'épaisseurs égales, & par des cercles inégaux dans la sphere ; ce qui devient un peu plus difficile dans l'exécution, parce qu'il n'eſt pas ſi facile de tracer une ellipſe qu'un cercle, comme dans le premier cas, ou qu'une ligne droite comme dans le ſecond. Ainſi l'on voit qu'il y a du choix dans la ſituation des tranches, pour ſe procurer plus ou moins de facilité à trouver les points d'interſections des courbes à double courbure, qui ſe forment à la ſurface des corps ronds qui ſe pénetrent avec les planes qui terminent les tranches paralleles : c'eſt au jugement de l'Artiſte à les ſituer de la maniere la plus favorable à l'exécution, ſoit qu'on opere ſur une ſurface concave ou ſur une convexe : car ce qui convient à l'une ne convient pas toujours à l'autre, parce que dans la concave on a la reſſource des cordes, pour déterminer les extrêmités des arcs, & non pas ſur la convexe. Or preſque toutes les opérations pour la coupe des pierres ſe font dans les ſurfaces concaves, qui ſont les doëles des voûtes, & rarement dans les convexes.

PROBLEME I.

Tracer un cicloimbre ſur deux cylindres inégaux, dont les axes ſe croiſent & ſe coupent à angle droit.

Soit une moitié de cylindre **A F**, ou ſeulement un quart **A B C E L**, repréſenté

Fig. 124.

A iij

ici en perspective, pénétré par la moitié d'un autre cylindre plus petit H L M K F, dont l'axe O N rencontre & coupe celui du grand X C à angles droits.

Nous ne représentons ici que le quart du grand & la moitié du petit, pour rendre la figure moins confuse, ces parties étant suffisantes pour les explications du reste, qui est égal, & une répétition de ce qui est ici apparent, sçavoir un quart à un quart du même cylindre dans le grand, & une moitié à l'autre du petit.

Il s'agit de trouver la courbe à double courbure, marquée à la figure L M K, qui est formée par la rencontre de la moitié de la surface du petit cylindre H K, avec le quart de celle du grand A E.

Pour y parvenir, il faut tracer à part sur une surface plane, un quart de cercle, *bec*, avec le rayon *ce*, égal au demi-diametre du grand cylindre, & sur le rayon *ce*, prolongé de la longueur *eh*, égale à celui du petit cylindre O H, on décrira un autre quart de cercle *hr*, terminé par *re*, perpendiculaire sur *hc*.

On divisera ensuite ce quart de cercle en autant de parties égales qu'on voudra avoir de points à la circonférence de la courbe que l'on cherche, par exemple, ici en quatre aux points 1, 2, 3, *h*, par lesquelles on menera des paralleles à *ch*, qui couperont l'arc *be* aux points *m*. 4. 5. 6. *c*, & la droite *re* aux points *s*, *t*, *v*.

Préfentement on a tout ce qui eft né-ceffaire pour tracer le cicloimbre fur l'un & l'autre cylindre : premiérement fur le grand, on commencera par tracer un quart de cer-cle SM fur le milieu de la rencontre des deux cylindres, par le probl. 2, ch. 2, fur le-quel arc on portera du fommet S l'arc O6 de la fig. 125 en S3, *e*5 fur S2, *e*4 fur S1, & *em* fur S*m* ; puis par les points S, 3, 2, 1, *m*, on tirera des paralleles à l'axe par le probl. 2, Partie 2.

On portera enfuite fur la ligne D S E, du fommet la longueur *ch* du rayon ou demi-diametre du petit cylindre de part & d'au-tre de S en S*u* & SV ; l'ordonnée 3.V en 3.T & 3.*t* fur la parallele à l'axe paffant par le point 3 ; la fuivante 2*t* en 2.*x*, & 2X fur la parallele, paffant par le point 2 de l'arc SM ; l'ordonnée fuivante 1.*s* en 1.*y*; & par les points marqués *u*, *t*, *x*, *y*, *m*, X, Y, T, V, on tracera la courbe à double courbure, que nous avons appellé *cycloimbre* fur le grand cylindre dans lequel entre le plus petit, fur la furface duquel nous la trace-rons par les mêmes moyens, comme il fuit.

Ayant tracé fur le demi-cylindre HK un demi-cercle L T K, on le divifera en

Fig. 127.

huit parties égales , parce qu'on a suppofé le
quart divifé en quatre, aux points 1,2,3,T,
&c. on menera par ces points autant de paralleles à l'axe du cylindre fur fa furface ,
fur lefquelles on portera les longueurs données à la fig. 125 , fçavoir rm en T M , $s.4$
en $3.x$, $t.5$ en $2.y$, $v.6$ en $1.z$; faifant la
même chofe de l'autre côté de T M , on
aura huits points , par lefquels on fera paffer la courbe à double courbure L $z y x$ M ,
qui fera la même que celle que l'on a tracée
fur le grand cylindre. C. Q. F. F.

DEMONSTRATION.

Il a été démontré dans le premier Livre,
que le cicloimbre étant uniforme dans
chacun des quarts de fon contour , il fuffit
de fçavoir tracer cette partie pour décrire
le tout ; c'eft pourquoi nous ne repréfen-
tons ici les deux cylindres qui fe pénetrent,
que par le quart de leur circonférence ; mais
quoique nous étendions ces deux quarts de
cercles inégaux dans un même plan , il
faut les imaginer dans deux plans qui fe
coupent à angle droit , fuivant la ligne
droite re (*fig.* 125) , ce qu'on ne pourroit
repréfenter qu'imparfaitement , par le
moyen de la perfpective, parce que l'un
étant dans le plan du papier, l'autre eft en
l'air.

Cela fuppofé, on reconnoîtra que fi l'on fuppofe le petit cylindre *r* 3 *h*, coupé par des plans paralleles à l'axe XC du grand cylindre, ils pafferont par les ordonnées du petit 3*v*, 2*t*, 1*s* ; ainfi les deux cylindres feront coupés par des tranches paralleles à leurs axes, dont les rencontres à la furface de l'un & de l'autre, feront évidemment des points de la courbe qui fe forme par la pénétration de ces deux furfaces courbes inégales. Or il eft clair, par notre conftruction, que les furfaces de l'un & de l'autre cylindre, ayant été divifées par des lignes paralleles à leurs axes, nous les avons fait paffer par des points communs aux deux furfaces, trouvés par le profil de la feconde figure en *m*, 4, 5, 8 ; ce qu'il eft facile de reconnoître, pour peu d'attention qu'on y donne.

Fig. 124.

Il ne paroît pas néceffaire de démontrer que cette courbe d'interfection eft un ci-cloimbre, puifqu'elle eft fuppofée formée par le contours de deux cylindres, dont les axes fe coupent à angle droit.

Usage.

Ce problême eft le fondement de la pratique de la coupe des pierres, pour exécuter tous les enfourchemens des berceaux en plein ceintre, qui fe croifent à l'équerre,

lorfqu'ils font de diametres inégaux, &
que leurs naiſſances font de niveau, tels
font, par exemple, ceux des luſettes dans
une nef d'Eglife, comme au Val-de-Grace,
qui font des demi-cylindres, dont les axes
étant prolongés, couperoient celui de la
nef, ſi les naiſſances font de niveau, dont
l'arête d'enfourchement eſt un demi-cy-
cloimbre; il arrive quelquefois que c'eſt un
cycloimbre entier, comme lorſqu'un puits
rond tombe au milieu de la voûte en berceau d'une cîterne, &c. Dans le premier
cas, les paralleles aux deux arcs des doëles
repréſentent les joints de lit, ſur leſquels
les rangs de vouſſoirs ſe ſoutiennent mutuellement; mais dans le ſecond, ces lignes
ne font néceſſaires que pour l'épure. Si les
axes des berceaux ſe rencontrent obliquement, ou s'ils ne font pas tous les deux en
plein ceintre, la courbe de l'arête d'enfourchement des doëles devient une ellipſimbre, qu'on tracera comme il ſuit.

PROBLEME II.

Tracer une ellipſimbre ſur les ſurfaces con-
caves ou convexes de deux cylindres, dont
les axes ſe coupent obliquement.

La conſtruction de ce problême eſt ſi
ſemblable à celle du précédent, qu'il ſuffi-

roit de dire que toute la différence confiste en deux petites modifications, qui n'occafionnent aucune difficulté.

La premiere eft celle de l'angle que font les axes, aigu ou obtus, au lieu d'un droit.

La feconde eft, que dans la préparation il faut fubftituer des quarts d'ellipfes au lieu des quarts de cercles du problême précédent.

Soit le demi-cylindre A F E D B, pénétré *Fig.* 128. par un plus petit H I K L, dont les axes Q N & X c le coupent obliquement en N, fuivant un angle aigu Q N X. Il eft clair que fi l'on fuppofe un plan paffant par cet axe Q N, perpendiculairement au plan X F E C par l'axe du grand cylindre, il fera deux fections différentes, fçavoir un parallélogramme dans le petit, & une ellipfe dans le grand, dont la moitié du grand axe fera S N, & le petit B D, qui eft ici en perfpective, mais qui eft égal au double de C E; le quart de cette ellipfe fera tracé à part fur une furface plane en S *b n*. Il eft encore *Fig.* 129. évident que fi l'on fuppofe le petit cylindre coupé par un plan tangent au grand, & paffant par L K, il fera pour fection une ellipfe, dont S K ou S L eft la moitié du grand axe, & le petit égal à Q M, perpendiculaire à l'axe Q N & H I.

On tracera ce quart d'ellipfe fur N S,

prolongé en *h*, & l'on tirera par S la tangente S T : on divisera ensuite la circonférence du second quart d'ellipse T *h* S en autant de parties égales qu'on voudra avoir de points au quart de l'ellipfimbre propofé à décrire fur les furfaces de chacun des cylindres à part, comme ici en quatre aux points 1, 2, 3, d'où l'on abaiffera des paralleles à *h n*, jufqu'à la rencontre de la circonférence du premier quart d'ellipfe *b s n*, qu'elles couperont aux points *x*, *y*, *z*, & la ligne T S aux points *s*, *t*, V. Cette préparation étant faite, on a tout ce qu'il faut pour tracer l'ellipfimbre demandé fur les furfaces concaves ou convexes de chacun des deux cylindres.

On tracera fur la furface du grand cylindre la demi-ellipfe, dont S *b n* eft la moitié (par un point *s*, pris à volonté, & par le probl. 1, ch. 2 ci-devant) ; enfuite on portera fur cet arc elliptique, depuis le point *s*, les arcs de la fig. 129, S Z, S Y, S *x*, S M ; & par chacun de ces points, on tirera des paralleles à l'axe du grand cylindre (par le probl. 2, ch. 1), fur lefquelles on portera de part & d'autre de l'arc elliptique les ordonnées correfpondantes, fçavoir 1 *s* fur la premiere parallele au deffus de *m*, fur la feconde l'ordonnée 2 *t*, ainfi de fuite ; & par les points trouvés, on tracera une courbe

qui fera une ellipfimbre. Comme cette opération ne diffère pas de celle du problême
précédent, lorfque l'on a tracé fur le grand
cylindre l'ellipfe, dont Sbn eft le quart, Fig. 129.
on pourra fe fervir de la même fig. 126,
qui a fervi pour la defcription du cicloimbre.

On tracera de même fur le petit cylindre
la même courbe, en commençant par y
tracer une demi-ellipfe, ou l'ellipfe entiere,
qu'un plan paffant par LK feroit dans ce
cylindre, fur le contour de laquelle on portera les arcs de la préparation $T_1, T_2, T_3,$
& Th, d'un côté de cet arc elliptique, &
autant de l'autre, pour tirer par chacun de
ces points des paralleles à l'axe du petit cylindre, qui feront obliques à l'arc elliptique
qu'elles couperont, au-delà duquel on portera fur chaque parallele les prolongations
Tm pour le milieu ; sx pour les deux premieres paralleles à droite & à gauche ; ty
fur les deux fuivantes, & vz fur les troi-
fiemes, venant à rien aux points des extrêmités du grand axe LK : c'eft encore la
même opération que l'on a fait pour le
cicloimbre, fig. 127.

Il eft vifible que la même démonftration, qui a fervi pour la conftruction du
problême précédent, eft applicable à celle-
ci, qui ne differe que dans les effets de
l'obliquité des axes des deux cylindres, &

des sections elliptiques substituées aux circulaires.

USAGE.

Ce problême n'est pas d'un usage moins fréquent dans l'appareil des voûtes que le précédent, non que les directions obliques soient aussi ordinaires dans les rencontres des berceaux que les perpendiculaires ; mais parce qu'il est très-ordinaire qu'ils soient surhauffés ou surbaissés dans leurs ceintres, quoique d'une naissance de niveau, qui fait que leurs axes se coupent bien perpendiculairement, si l'on veut ; mais cependant il n'en résulte pas des cicloimbres, parce que les cylindres font de la nature des scalenes, dont les sections perpendiculaires à l'axe ne font pas des cercles.

PROBLEME III.

Tracer une ellipsimbre formée par l'intersection des surfaces de deux cylindres qui se pénétrent mutuellement, en se croisant, sans que leurs axes se rencontrent.

Soient deux demi-cylindres A B, C D qui se croisent à angle droit, sans que leurs axes se rencontrent, on demande qu'on trace la courbe de l'intersection des surfaces, qui est une ellipsimbre E M g.

On fera fur une furface plane une préparation, à peu près comme dans les deux
problêmes précédens, en repréfentant le
grand cylindre par un quart de cercle AHC,
& l'on portera fur CH la diftance CX qui
repréfentera celle de l'axe du grand cylindre, qui paffe par le centre C & du petit
cylindre FX qui croife la direction du
grand fans le rencontrer, comme on voit
le petit cylindre CD pénétrer le grand
AB à angle droit fur le côté, parce que les
deux axes, quoique chacun foit en fituation horizontale, font fuppofés à des hauteurs inégales.

Sur la ligne FX qui repréfente l'axe du
petit cylindre, & d'un rayon FG égal à
celui de la bafe de ce cylindre, on fera le
quart de cercle FIG, qu'on divifera en autant de parties égales qu'on voudra avoir
de points à la circonférence du quart de
l'ellipfimbre demandée, par lefquels on
menera des paralleles à l'axe FG, qui couperont le demi-diametre GI aux points
u, t, s, & l'arc du grand cylindre AH aux
points x, y, z, k.

Cela pofé, on décrira fur la furface du
grand cylindre un cercle, dont une partie
de la projection eft ML, fur lequel on portera l'arc AK, & toutes fes parties fucceffivement: par exemple, AG de M en g,

Fig. 131.

G *x* en *g x*, ainfi de fuite : enfin ʒK en ʒL, où eft le fommet de la courbe d'interfection, qui répond au point K du profil AKH ; par les points de divifions de cet arc, on menera des paralleles à l'axe, fur lefquelles on portera les ordonnées GF & les fuivantes du profil du petit cylindre de part & d'autre de ML, comme GF du profil en *gf* & *go*, *us* en *x*1 & *x*4, ainfi des autres ; & par les extrêmités de ces lignes, *f*, 1, 2, 3, L, 6, 5, 4, o, on tracera fur la furface courbe du grand cylindre le contour de l'ellipfimbre, formée par l'interfection des furfaces du petit & du grand cylindre.

Il s'agit préfentement de tracer la même courbe fur la furface du petit cylindre.

On commencera par y tracer un cercle par le probl. 2, ch. 1, dont le quart fera égal à celui du profil F3I, & dont le plan eft exprimé au même profil par la ligne droite GI, & dans la projection horizontale, fig. 130, par la ligne *gf*, dont le milieu eft le point *i*, qui repréfente I du profil.

Ayant tiré fur la furface de ce petit cylindre des paralleles, comme dans le grand, paffant par les points 1, 2, 3, I du profil, qui couperont la droite *gf* aux points *u*, *t*, *s*, *i* d'un côté, & autant de l'autre de *m*M, on portera fur ces paralleles prolongées audelà

delà de *gf*, les distances de la ligne droite G I à l'arc A K H, dans l'ordre où elles sont de part & d'autre de la ligne du milieu *m* M , sçavoir *ux* du profil en *u* X du plan, *ty* du profil en *t* Y du plan, *sz* du profil en *s* Z du plan, & I K du profil en *i* M du plan, répétant les mêmes transpositions des avances au dessous de M du côté de *g* , & par les points *f*, X, Y, Z, M & *g* , on tracera sur la surface du cylindre la courbe d'interfection des deux surfaces égales à celle qui a tracé sur le grand cylindre , quoique sur une surface beaucoup plus concave ou convexe. C. Q. F. F.

La démonstration de cette construction est encore la même que celle des deux problêmes précédens, avec cette petite différence, que dans la préparation, le quart de cercle G F I qui représente le profil du petit cylindre, n'est pas sur la ligne C A , prolongée comme il étoit, mais écarté à côté de l'intervalle A G égal à la distance C X de l'axe du grand cylindre passant par C, à l'axe du petit passant par G ; au reste ce quart de cercle G F I, qui est mis dans le même plan que l'autre C A H dans le dessein, doit être relevé par la pensée dans un plan perpendiculaire, relevé en l'air sur la ligne G I, qui en est le profil.

On reconnoît aussi que les lignes pa-

ralleles que nous avons tracées comme des
tranches, traverſant les deux ſolides parallélement à l'horizon, font dans l'un &
dans l'autre, des ſections qui ſont des parallélogrammes, parce qu'elles paſſent ou
par leurs axes, ou parallélement à ces axes
qui ſont ſuppoſés horizontaux, quoique de
différentes directions & à différentes hauteurs : ainſi ces lignes ſont des côtés de
l'un & de l'autre cylindre, dont les interſections donnent des points de l'ellipſimbre qui eſt formée par celles des deux ſurfaces inégales, concaves ou convexes.

Nous avons dit dans la premiere partie,
théor. 4. pourquoi elle eſt dans cette cir-
conſtance une ellipſimbre.

Usage.

Cette propoſition donne la maniere de
trouver l'arête d'enfourchement d'une lunette dans un berceau, dont la naiſſance
eſt au deſſus de celle de cette voûte cylindrique, comme l'on voit en pluſieurs rencontres, & particuliérement à celles qui
ouvrent le paſſage de la lumiere des vîtraux
qui ſont au deſſus des entablemens dans la
plûpart des nefs de nos Egliſes modernes.

PROBLEME IV.

Tracer sur une surface concave ou convexe une ellipsimbre formée par l'intersection des surfaces d'une sphere & d'un cylindre, dont l'axe ne passe pas par le centre de la sphere.

Nous avons démontré au premier Livre, que si l'axe passe par le centre de la sphere, l'intersection des deux surfaces est un cercle, mais que s'il n'y passe pas, c'est une ellipsimbre, qui est une courbe à double courbure, dont il s'agit ici.

Soit ABD un des cercles majeurs de la sphere, dont le centre est C, pénétrée par un cylindre, dont HFKI est le parallélogramme par l'axe GX, qui ne passe pas par le centre C, les côtés de ce parallélogramme couperont le cercle de la sphere en deux points E & L, qui seront communs aux surfaces des deux corps, par lesquels, si l'on suppose un plan perpendiculaire au demi-cercle ABD, coupant ces deux corps, il fera dans la sphere un cercle qui aura LE pour diametre, & dans le cylindre une ellipse, dont la même LE sera le grand axe : donc la commune intersection des deux surfaces ne sera ni cercle ni ellipse, mais une ellipsimbre, comme nous l'avons démontré au premier Livre : c'est

Fig. 131.

cette courbe dont il s'agit de trouver pluſieurs points ſur l'une & l'autre ſurface :
pour y parvenir, il faut diviſer ces deux
corps par pluſieurs tranches paralleles entr'elles, & d'égale épaiſſeur, par des plans
perpendiculaires aux côtés H*i* ou F K,
dont les ſections ſur le parallélogramme
par l'axe du cylindre & le demi-grand cercle de la ſphere ſeront autant de diametres
des cercles différens que font ces tranches
dans le cylindre & dans la ſphere, dont les
centres ſeront ſur l'axe du cylindre G X en
n, *n*, *n* pour les ſections dans le cylindre, &
ſur le rayon C B pour les ſections dans la
ſphere en *o*, *o*, *o*. Ainſi pour avoir le point
d'interſection des ſurfaces coupées par la
ligne 3, 6, qui coupe l'axe du cylindre en
N, & le rayon C B de la ſphere en O ; du
point N pour centre, & N 3 pour rayon,
on décrira un arc en haut ou en bas (il
n'importe) 3*x*, & du point O pour centre,
& O.6 pour rayon, l'arc 6.*x* qui coupera
le précédent au point *x*, qui eſt celui de
l'interſection des ſurfaces de la ſphere & du
cylindre, coupées par un plan 3.6.

　Si l'on veut avoir la projection de ce
point, il n'y a qu'à abaiſſer une perpendiculaire ſur la ligne 3, 6 qui la coupera au
point P, où ſera la projection du point *x*
ſur le parallélogramme par l'axe du cylindre.

Fig. 131.

Il est visible qu'on trouveroit de même le point d'intersection *y* sur la ligne 1,4, en décrivant les arcs renversés au dessous, comme L*y* du centre *n*, & *n* 1 pour rayon du cylindre, & l'arc 4*y* du point O pour centre, & *o* 4 pour rayon dans la sphere, qui se couperont en *y*, d'où tirant une perpendiculaire à la ligne 1,4, on aura la projection du point *y* au point *q* sur le plan du parallélogramme par l'axe du cylindre H F K I, de laquelle projection on verra dans la pratique l'usage qu'on peut faire.

Nous remarquerons seulement ici que si l'on prend plusieurs de ces points de projection de suite, on aura une courbe L Z E qui sera l'axe courbe de l'ellipsimbre.

Cette préparation étant faite, on peut décrire l'ellipsimbre sur les deux surfaces concaves ou convexes de la sphere & du cylindre.

Premiérement sur le cylindre, ayant tiré une parallele à l'axe, par où l'on voudra, par exemple, ici H I, on y portera de suite les intervalles des tranches *e* 3 ; 3,2 ; 2,1, & 1 L, par lesquels on tracera autant de cercles (par le probl. 2, ch. 1.), sur lesquels on portera les arcs trouvés, comme 3.*x* sur le cercle, passant par le point 1.*y* sur le cercle, passant par le point 1, ainsi des intermédiaires, passant par les points 2,

B iij

& plus s'il y en a ; & par ces points, on tracera la courbe demandée LZE, qui sera une ellipsimbre sur la surface du cylindre.

De la même maniere on commencera par tracer sur la sphere un cercle majeur, par le probl. 1, ch. 1, & ensuite trois mineurs par les points donnés à l'arc LB aux interfections de cet arc, avec les droites 3.6, 2.5, 1.4, sur lesquels on prendra les arcs 6.x & 4.y, que nous représentons ici décrits à part, pour les diftinguer de leurs diametres, qui font des lignes droites, & par les points p, z, q, où ces arcs se terminent, on tracera une courbe, qui sera la même que l'on a décrit sur le cylindre.

On auroit pu opérer différemment pour venir à la même fin, en faifant les tranches des fections planes parallélement à l'axe du cylindre, au lieu de les faire perpendiculaires à cet axe : alors elles auroient été des parallélogrammes dans le cylindre, mais toujours des cercles dans la fphere : ainfi les points d'interfections n'auroient point été trouvés par celles de deux arcs de cercles, mais d'une ligne droite qui auroit été le côté du cylindre avec un cercle mineur de la fphere ; ce qui n'eft pas difficile à concevoir, mais où l'on trouve peu d'avantage pour la facilité de la pratique, parce qu'il ne faut pas moins tracer d'arcs de cercles fur la fphere, & autant de parallélogrammes dans le cylindre.

Il eſt facile d'appercevoir dans cette premiere conſtruction, où les tranches font perpendiculaires à l'axe du cylindre, que l'on ne peut repréſenter les arcs des deux corps coupés par le même plan, fans les décriré en deſſus ou en deſſous de leurs diametres, parce qu'étant ſuppoſés perpendiculaires au plan du papier, il faut les relever par la penſée, comme étant en l'air, fur un plan qui lui eſt perpendiculaire, à moins que de les ſuppoſer applatis par la projeƈtion, & alors la ſuite des points de leurs interſections, forme une ligne courbe qui va du point E au point L à l'autre extrêmité de la ſeƈtion, laquelle eſt l'axe courbe de l'ellipſimbre, auquel font appliquées les mêmes ordonnées de l'ellipſe plane, faite par la ſeƈtion oblique du cylindre.

USAGE.

Cette propoſition fait voir la maniere de former des lunettes dans une voûte ſphérique, comme un dôme, dont les impoſtes font plus baſſes que les vîtraux, ſoit que ces lunettes ſoient faites pour des vîtraux ceintrés ſur des jambages ou pieds droits à plomb, ſoit qu'ils ſoient totàlement circulaires, comme ce qu'on appelle des yeux de bœuf.

Nous avons parlé des ellipſimbres for-mées par les interſections des cylindres entr'eux, enſuite des cylindres avec les ſpheres, il nous reſte à parler de celles qui réſultent d'un cylindre qui pénetre un cône.

PROBLEME V.

La poſition d'un cylindre dans un cône qv'il pénetre étant donnée, décrire ſur leurs ſurfaces concaves ou convexes, l'ellipſimbre formée par la rencontre de ces ſurfaces.

Quoique ce problême contienne plu-ſieurs cas, ils peuvent tous être réduits à notre méthode générale de couper les deux corps en tranches paralleles entr'elles, par des plans diſpoſés dans des ſituations qui produiſent dans l'un & l'autre des ſections faciles à tracer, comme ſont les cercles & les ellipſes, évitant, autant qu'il ſera poſ-ſible, celles qui produiſent des paraboles & des hyperboles : les cas qui ſe préſentent des poſitions relatives de ces deux corps qui ſe pénetrent, ſont, 1°. lorſque les deux axes du cône & du cylindre ſont paralleles entr'eux.

Alors la poſition la plus convenable des tranches paralleles, eſt de les faire perpendiculaires aux deux axes, parce que les plans coupans font dans l'un & dans l'autre des fections circulaires, dont les centres font donnés fur les axes, & les rayons par les côtés du cône ou du cylindre qu'ils coupent; les interfections de ces cercles du cône & du cylindre donnent les points de l'ellipfimbre, comme nous venons de le dire du cylindre qui pénetre la fphere.

Soit A S B le triangle par l'axe du cône *Fig. 133.* qui eft pénétré par un cylindre, dont le parallélogramme par l'axe eft D H F G; il coupera le triangle par l'axe du cône aux points E & L, qui feront communs aux deux furfaces du cône & du cylindre. Ayant mené par ces points de rencontre des perpendiculaires aux axes E*f* & L*l*, on divifera l'intervalle E L en autant de parties égales qu'on voudra avoir de points à la moitié de l'ellipfimbre, comme ici en cinq aux points *e*, 3, 2, 1, L, par lefquels on menera des paralleles à E*f*, qui couperont l'axe du cône en *o*, & celui du cylindre en *n*, où feront les centres des cercles de ces tranches, dont les rayons font donnés en *n* E pour le cylindre qui font conftans, & en *of* & *ol* pour le cône où ils font variables à chaque tranche, augmentant toujours du fommet à la bafe : ces cercles fe couperont en des points, comme *x* & *y*, qui feront au contour de l'ellipfimbre, defquels tirant des perpendiculaires à leurs diametres, on aura des points P & *p* qui en donnent la projection dans le plan du parallélogramme, par l'axe D H E G.

Second cas. Lorfque les axes font inclinés entr'eux, comme à la figure 134, il eft vifible qu'en fuivant la même conftruction, il n'y aura de différence avec le précédent, qu'en ce que faifant les tranches perpendiculaires à l'axe S C du cône, elles feront dans le cylindre des ellipfes, dont les grands axes font donnés en E P, & leurs paralleles : ainfi l'interfection du contour de ces tranches fera celle d'un cercle dans le cône, & d'une ellipfe dans le cylindre, dont les centres & les diametres font donnés à chaque tranche ; & comme toutes les ellipfes font conftantes dans le cylindre, il fuffit d'en tracer une feule, & d'y rapporter les différens arcs de cercle du cône, en obfervant les différens intervalles des centres de ces deux figures qui fe rapprochent comme les axes. Et fi l'on fait des perpendiculaires fur les diametres, tirées par les points d'interfections, on aura pour projection de l'ellipfimbre une courbe E *x* L, qui fera l'axe courbe de cette ligne d'interfection à double courbure.

Troifieme cas. Lorfque les axes du cône

& du cylindre font perpendiculaires entr'eux, il y a deux manieres de difpofer
les tranches paralleles, ou perpendiculairement à l'axe du cône, ou perpendiculairement à l'axe du cylindre.

Dans la premiere pofition, la fection des
plans paralleles eft toujours un cercle de
grandeur variable dans le cône, & un parallélogramme de largeur variable dans le
cylindre.

Les centres de ces cercles font donnés Fig. 135.
fur l'axe du cône, & leurs rayons par leur
diftance au côté fur chaque parallele ; les
largeurs des parallélogrammes que font les
fections des mêmes plans parallélement à
l'axe du cylindre, font donnés par les ordonnées au cercle de la bafe du cylindre :
ainfi on peut trouver tous les points de la
courbe cherchée, par l'interfection d'un
cercle & d'une ligne droite.

Si au contraire on faifoit paffer les plans
des tranches parallélement à l'axe du cône,
il eft clair qu'ils formeroient des hyperboles dans le cône, & des cercles dans le
cylindre : ainfi les interfections feroient un
peu plus difficiles à trouver . d'une hyperbole avec un cercle, que ci un cercle & d'une
ligne droite.

Il peut arriver un quatrieme cas, où les
axes du cône & du cylindre ne fe rencon-

trent pas, quoiqu'ils fe croifent : mais il eft facile d'y pourvoir par un profil qui détermine leur diftance & leur inclinaifon mutuelle, & enfuite on dirigera les tranches à l'égard de l'un ou de l'autre des axes, comme nous avons fait dans les cas précédens, pour avoir des fections de tranches circulaires ou elliptiques, ou en parallélogrammes.

Ces préparations étant tracées fur une furface plane, il n'eft plus queftion que de porter les arcs, les côtés & les mefures fur les furfaces courbes de ces corps, foit concaves ou convexes, comme nous l'avons fait dans les problêmes précédens, en y traçant des lignes droites pour fervir de côté déterminé fur le cône ou fur le cylindre, & des arcs de cercles ou d'ellipfes perpendiculaires à ces côtés, fur lefquels on portera les arcs trouvés dans la préparation, foit en prenant leurs cordes, fi c'eft dans une furface concave, foit en prenant leur développement par petites parties, s'il s'agit d'une grande furface convexe, ou avec compas à branches courbes, fi l'objet eft petit.

Ainfi fuppofant qu'il s'agiffe de tracer ellipfimbre formée dans le troifieme cas.

Ayant tracé fur la furface du cône donné par un point V, pris à volonté, une ligne

droite V*s* pour côté du cône & milieu de
l'ellipſimbre, on y portera du ſommet la
diſtance SE qui donnera l'extrêmité du
grand axe, & enſuite la longueur EL pour
celle du même axe, qu'on diviſera en autant de parties égales qu'à la préparation :
par exemple, ici en quatre, par leſquelles
du ſommet S, comme centre, ou plutôt
comme pole, on tracera les cercles 3, 6; 2,
5; 1, 4; ce qui ſe fait très-facilement avec
un cordeau, dont un bout eſt fixé en S;
enſuite on portera à droite & à gauche de
la ligne EL les arcs de cercle, dont les
ordonnées de la baſe du cylindre ſont les
ſinus droits, qu'il faut chercher par une
figure faite exprès à part ſur une ſurface
plane, en décrivant des cercles, dont les
rayons ſeront pris ſur la figure de préparation dans le triangle par l'axe, en *op*, *o*P,
oq, dans leſquels on inſcrira, comme des   *Fig.* 133.
ſinus perpendiculaires ſur ces rayons, les
ordonnées de la baſe *rm*, *r*M, *rt*, en tirant
des parallèles à ces rayons de l'intervalle
de ces ordonnées qui couperont ces arcs
en *u*, *v*, V; puis on tirera à droite & à gauche de la ligne du milieu EL les arcs *up*,
*v*P, V*q*, ſçavoir *up* de 3 en *x*, *v*P de 2
en *y*, V*q* de 1 en *z*; & par les points E, *x*,
y, *z*, L, on tracera la moitié de l'ellipſimbre ſur la ſurface concave ou convexe du

cône, répétant les mêmes mesures de l'autre côté de E L pour l'avoir toute entiere..

Il reste à présent à tracer la même courbe
sur la surface du cylindre.

Ayant fait les mêmes préparations dans
la figure 133, on tirera des perpendicu-
laires $u\zeta$, $v\zeta$, $V\zeta$ sur les prolongemens des
ordonnées correspondantes de la base, pour
avoir la projection de la section commune.

Cela posé, ayant tracé sur la surface du
cylindre autant de paralleles à l'axe, qu'on
a pris de points au contour de la base,
comme ici cinq E, m, M, t, l pour une moitié,
& décrit un cercle comme DfH, qui les
coupe toutes à angle droit pour servir d'un
terme, d'où l'on commence à compter la
longueur de chacune, on portera succes-
sivement sur ces paralleles toutes les longueurs du profil de la figure 133, jusqu'à la
rencontre de l'axe courbe $5\zeta l$, comme $E5$
de la fig. 133 en De de la figure X, $p\zeta$ en
fg, &c. de part & d'autre de De, pour
avoir en même tems la courbe tracée sur
la partie opposée du cylindre, qu'on ne
peut représenter dans cette figure.

CHAPITRE I.

Des interſections des corps ronds qui ne ſe pénetrent pas de toute leur épaiſſeur.

IL eſt aſſez clair que ſi les corps ronds, dont nous parlons, ne ſe pénetrent que dans une partie de leur épaiſſeur, les courbes de leurs interſections ne ſeront pas complettes : mais il en réſulte qu'au lieu d'une, il y en a en quelque façon deux portions qui ſe trouvent liées enſemble par un contour arrondi : c'eſt pourquoi nous leur donnons le nom de *compoſées.*

La maniere générale que nous venons d'établir pour trouver les contours des ſimples, nous ſervira auſſi à décrire les compoſées, en coupant par tranches paralleles entr'elles, les deux corps qui ſe pénetrent en partie, comme nous allons en montrer l'application.

PROBLEME I.

Décrire ſur une ſurface concave ou convexe, l'ellipſimbre compoſée, qui réſulte de l'interſection de deux cylindres qui ſe croiſent, dont l'un ne pénetre l'autre que d'une partie du contour de ſa ſurface.

Soit ABED la ſection par l'axe d'un *Fig. 136.*

petit cylindre à l'égard d'un plus grand
BGCF, qu'il croise & qu'il pénetre à angle droit, mais non pas de toute l'épaiſſeur
de ſon contour : enſorte que ſuppoſant que
la ligne 1*t* ſoit tangente au cercle de la baſe
du grand FBGE, il reſte encore l'intervalle de deux fois l'arc A1 de la baſe du
petit, hors de la ſurface du grand, dans la
partie la plus ſerrée de la ſection compoſée, qui eſt en *f* M *g*.

On diviſera le demi-cercle de la baſe du
petit cylindre AHB en autant de parties
égales qu'on voudra avoir de points au quart
de la circonférence de l'ellipſimbre compoſé, qui doit terminer l'interſection des
deux ſurfaces du grand & du petit cylindre, comme ici en huit aux points A1, 2,
3, H, 4, 5, 6, B, par leſquels on menera ſur
la ſurface du même des paralleles à l'axe;
ou, ce qui eſt la même choſe, au côté AD,
qui couperont les arcs BF & EF de la baſe
aux points *b*, *c*, *d*, *e*, *f*, par leſquels on menera des paralleles à la ligne BA prolongées indéfiniment vers S, hors de la figure,
où l'on ſe propoſe de repréſenter en élévation la courbe compoſée de l'interſection
des ſurfaces des deux cylindres : ainſi SA
repréſentera le côté ſupérieur du grand cylindre, dont on ne voit que la baſe à la premiere figure, SD l'inférieur, & FX le milieu.

Sur

Sur la ligne *ch*, provenant du rayon du petit cylindre HI, prolongé jusqu'à l'arc EF qu'il rencontre en *c*, on prendra un point *m* à volonté pour le milieu de la section, duquel on portera sur *ch* de droite & de gauche le demi-diametre IH de *m* en *h* & en *o*, de même du point *d* provenant du point 4 du demi-cercle AHB, ayant tiré une parallele à AS, qui coupera *mk* en *u*, on portera de part & d'autre de ce point l'ordonnée 4*p* de *u* en *q* & en Q; continuant de même à porter les ordonnées suivantes, provenant des points 5 & 6 sur les lignes paralleles, tirées des points *e*, *f*, *g*.

On reprendra de même jusqu'à la ligne du milieu FX, où l'on portera de part & d'autre du point M l'ordonnée au point 2 du demi-cercle AHB, pour y marquer d'un côté le point *l*, & de l'autre le point *g*, qui déterminent l'intervalle *lg*, où la courbe est la plus resserrée, supposant que la ligne 2*t* soit une tangente au cercle BFE; ce qui produira pour la moitié de l'élévation de la courbe projettée sur un plan vertical le contour *lhqi*Q*og*, qui doit être répété au dessous en *lkg*, comme la figure le montre plus sensiblement que ne peut faire le discours.

Ces deux figures, l'une de profil & l'autre d'élévation, étant tracées sur une sur-

face plane, il ne fera pas difficile de tracer
la courbe d'interſeƈtion des ſurfaces ſur le
grand & ſur le petit cylindre, en commençant par tracer ſur l'une & l'autre beaucoup de paralleles à leurs axes, dont les intervalles feront pour le grand cylindre ceux
des arcs F*b*, *bc*, *cd*, *de*, &c; & ſur le petit,
l'intervalle des arcs A 1, 1, 2, 2, 3, 3 H, &c.

Puis ayant tracé ſur la ſurface du grand
un cercle qui les coupe toutes à angle droit,
repréſenté ici par la ligne droite *i* M *ky*,
on portera ſur chacune des paralleles les
mêmes ordonnées au diametre A B de la
baſe du petit cylindre, qu'on a porté ſur
l'élévation de part & d'autre du cercle perpendiculaire aux paralleles à l'axe, & l'on
aura le contour courbe demandé, en traçant d'un point à l'autre une ligne courbe à
la main, qui ſera d'autant plus exaƈte, que
le nombre des points trouvés à ſon contour ſera grand.

On en uſera de même pour tracer la
courbe ſur la ſurface du petit cylindre,
ſur laquelle le même contour ſe trouvera
profilé avec tant d'exaƈtitude, qu'étant ap-
pliqués l'un ſur l'autre, ils conviendront
parfaitement.

Nous ne pouſſerons pas plus loin la théorie & la deſcription des ſeƈtions des corps
ronds, cylindriques, coniques, & ſphéri-

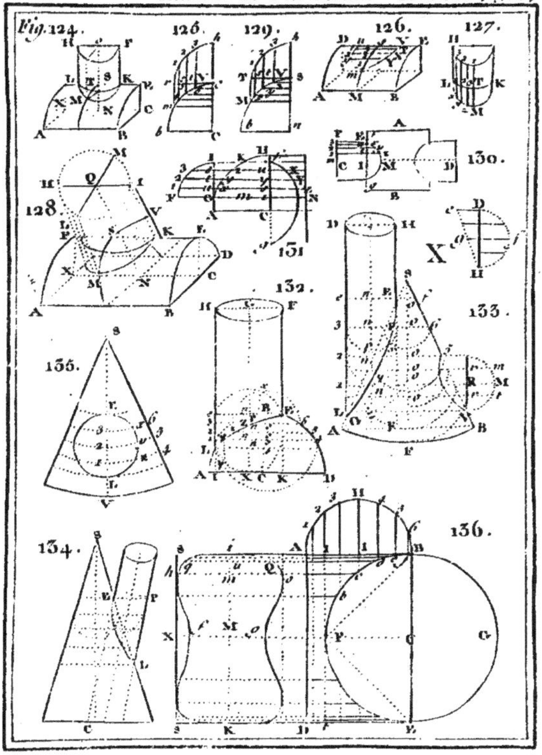

Fig.124.
126.
129.
126.
127.
128.
130.
131.
132.
133.
135.
134.
136.

ques, formés par l'interſection des ſurfaces de ceux qui ſe pénétrent mutuellement ; ce que nous en avons dit eſt très-ſuffiſant pour un Livre élémentaire, qui ne doit être qu'une introduction à la *pratique de la coupe des pierres*, qui eſt notre unique but.

Ceux qui voudront s'inſtruire plus amplement, trouveront de quoi ſe ſatisfaire dans notre Traité de Stéréotomie.

Nous allons paſſer aux moyens de repréſenter les diviſions des corps ſolides, auxquels nous comparons les voûtes de toutes les eſpeces uſitées, pour donner à chacune de leurs parties, appellées vouſſoirs, la configuration néceſſaire pour qu'elles concourent à la formation du tout ; ce genre de deſſein & de repréſentation, s'appelle l'*épure*, qui eſt le préparatif immédiat pour l'exécution des voûtes.

CINQUIEME PARTIE.

De la représentation d'un corps solide sur une surface plane.

NOUS avons traité au premier Livre de la formation & des propriétés des lignes courbes qui résultent de la section des corps, dont les surfaces sont coupées par des plans, ou pénétrés par des solides;

Dans le second, de l'art de décrire ces courbes sur des surfaces planes, lorsqu'il est possible, ou sur des surfaces concaves ou convexes, lorsqu'elles sont à double courbure.

Il nous reste à chercher les moyens de représenter sur un plan les parties solides provenues de ces sections, d'une maniere à pouvoir y trouver les dimensions de leurs surfaces, & les ouvertures des angles qu'elles font entr'elles, pour en former la figure dans une masse de pierre brute, ou de bois; car il s'agit de la tailler avec une telle précision, que ces surfaces planes & courbes, jointes aux pieces contiguës, concourent à la formation d'un tout, dont elles doivent être des parties régulieres. Ce genre de dessein s'appelle en terme de l'art, le *trait* ou l'*épure*.

Ici nous quittons en quelque façon la théorie générale de la section des corps pour defcendre à *l'introduction de la pratique de la coupe des pierres.*

§.

Des différens moyens qu'on a imaginés pour repréfenter un folide fur une furface plane.

Il eft évident, pour peu qu'on y faffe attention, qu'on ne peut repréfenter exactement & dans toutes fes mefures un corps de figure quelconque fur un plan, qui n'eft fufceptible que de deux dimenfions, longueur & largeur : il en faut trois pour un folide, qui a de plus la hauteur, l'épaiffeur, ou la profondeur : car c'eft cette troifieme qui conftitue la différence effentielle d'un plan à un folide.

On a donc été obligé de repréfenter un corps folide par parties, lorfqu'on a eu befoin d'en conferver les dimenfions , ou d'altérer une des trois, ou de les altérer toutes.

Lorfqu'on a eu une attention particuliere aux diftances horizontales, on a applati la hauteur par la projection , dont nous avons parlé au Livre précédent ; enforte que la hauteur d'une ligne verticale a été réduite à un feul point, & un plan vertical à une feule ligne, dont on n'a tiré d'autre avantage que de marquer à quelle distance les bases particulieres des hauteurs sont les angles, ou du contour d'une trace horizontale de tout le corps, parce que la premiere opération d'architecture, pour édifier, est de mettre les fondemens de niveau.

Cette description s'appelle, en terme de l'Art, le *plan horizontal*, & en terme de science, tiré du Grec, l'*ichnographie*. Nous nous servirons ordinairement de celui de *projection horizontale*, pour éviter les expressions impropres, comme de dire le *plan d'un point*, ou le *plan d'une ligne*, ou la cacophonie d'un même mot, répété en différens sens, comme le *plan d'un plan*, pour dire la projection d'une surface plane.

Cette premiere espece de représentation ne servant de rien pour exprimer les hauteurs, on en a imaginé une pareille sur un *plan vertical*, qui applatit les longueurs horizontales par une projection semblable à la précédente, dont elle ne differe que de position à l'égard de l'horizon : cette seconde espece de représentation s'appelle en terme de l'Art différemment, suivant les circonstances.

Si le corps projetté verticalement est supposé coupé par sa moindre largeur, elle s'appelle *profil* ; si elle exprime l'intérieur, fuivant la longueur, elle s'appelle *coupe*, & en terme de fcience, *ortographie* ; fi le corps eft vu extérieurement, on l'appelle *élévation*.

Comme les corps font enveloppés de plufieurs furfaces de différentes inclinaifons, celles qui ne font ni horizontales ni verticales, ne peuvent être repréfentées exactement par les manieres précédentes, où une de leurs dimenfions eft raccourcie par la projection.

On a imaginé une troifieme forte de deffein, qui eft un arrangement contigu de toutes les furfaces dont il eft enveloppé, placées les unes à côté des autres ; on l'appelle le *développement*, & en terme de fcience, *épipédographie*.

Enfin comme aucune de ces manieres ne repréfente les ouvertures des angles que font entr'elles ces furfaces, il a fallu chercher un moyen de les déterminer par le fecours des inftrumens à deux branches mobiles, qui s'ouvrent & fe ferment, qu'on appelle *biveaux*, du mot Latin *bivium*, chemin fourchu, qu'on fait fervir à toutes fortes d'angles rectilignes, curvilignes, ou mixtes, en courbant leurs branches, comme il eft néceffaire ; j'appelle cet Art la *goniographie*, defcription des angles.

Nous ne parlerons point d'une cinquieme

maniere de repréfenter les corps comme nos yeux les apperçoivent, pour en copier l'image d'après nature , parce qu'elle en altere toutes les dimenfions ; les parties égales , pofées à des diftances inégales , deviennent inégales entr'elles , par l'apparence ; la raifon en eft tirée de l'optique, parce que les objets égaux , vus de près, font apperçus fous un angle plus grand que lorfqu'ils font vus de loin. Cette forte de repréfentation , qu'on appelle *perfpective* ou *fcénographie*, devient, par cette raifon, inutile à un art, où il faut des mefures précifes de l'objet qu'on doit repréfenter pour en faire la figure exacte. Elle fert feulement aux peintres , & particuliérement à ceux qui doivent exprimer dans leurs tableaux quelques corps ou parties d'architecture.

De la projection horizontale (en terme de l'Art) *du plan horizontal.*

La fituation des corps qu'on veut repréfenter, confidérée à l'égard de l'horizon , c'eft-à-dire *du niveau* refpectif de leurs furfaces & de leurs angles , décide totalement de la figure qui réfulte ue leur pofition *projettée.*

1°. Toutes les furfaces planes qui font paralleles au plan de projection , fuppofé de niveau, y font exactement repréfentées dans leurs mefures ; mais dès qu'elles font inclinées, elles n'y font plus femblables : un quarré, par exemple, y paroît fouvent une *lozange* ; un cercle devient une ellipfe, ainfi de bien d'autres figures ; delà viennent des repréfentations d'un même corps tout-à-fait différentes, & méconnoiffables à furprendre : un cube, par exemple, pofé à plat, a pour projection un quarré égal à celui fur lequel il eft pofé, & à fon parallele fupérieur, les quatre autres qui l'enveloppent ne font repréfentés que par des lignes, parce qu'ils font verticaux & perpendiculaires au plan de projection ; mais fi le cube eft pofé fur la pointe d'un de fes angles folides, perpendiculaire à l'axe qu'on fuppofe paffer diagonalement à fon angle fupérieur oppofé, fa projection horizontale fera un *exagone*, & même fa projection verticale, s'il eft en même pofition à l'égard d'un plan vertical ; parce qu'il ne préfente à ce plan que des furfaces qui lui font inclinées, & à l'horizon, fçavoir trois en deffus & trois en deffous, qui font des quarrés projettés en *lozanges* contiguës ABDC, DCFE, FCAG, dont les trois angles ACF, ACD, DCF, en font néceffairement de 120 degrés chacun, qui font le tiers de 360, lefquels font égaux à leurs oppofés en B, E, G, qui font ceux de l'exagone.

2°. D'où il fuit qu'une telle projection n'a pu fervir qu'à donner les diftances horizontales des diagonales de ces quarrés *ad*, *dc* & *ca*, & celles des trois autres quarrés oppofés en deffous, comme *ge*, *ei* & *ig*.

Cependant, avant toutes chofes, il faut commencer par tracer le plan horizontal du corps qu'on fe propofe d'édifier, qui eft ordinairement (fuivant notre objet) une voûte d'une figure déterminée, relativement à l'ufage auquel on la deftine ; & comme on ne peut pas la faire d'une piece, on la divife en petites parties, qu'on appelle vouffoirs, qui doivent concourir chacun en particulier à l'édifier correctement & folidement : c'eft fur cette divifion & repréfentation de chacune de ces petites parties, que nous allons nous exeicer dans ce troifieme livre ; furquoi on ne peut s'énoncer, pour être entendu, fans convenir auparavant de la fignification des termes de l'art, ufités chez les Architectes.

Ainfi pour entrer dans la pratique de la *coupe des pierres*, il faut s'inftruire des noms que l'ufage y a confacrés, dont nous avons mis un recueil, en forme de dictionnaire, à la fin de ce livre d'Elémens, pour ne pas

interrompre le fil des inſtructions circonſ-
tanciées, afin qu'on y ait recours, lorſqu'il
s'en trouvera dans le diſcours qu'on n'en-
tendra pas ; cependant nous ne pouvons
nous diſpenſer d'en expliquer ici quelques-
uns des plus fréquemment uſités qui ont
différentes ſignifications ; tel eſt le mot de
cintre ; lorſqu'il s'agit d'appareil, il ſigni-
fie la courbe de ſection tranſverſale d'une
voûte, laquelle eſt ordinairement une moitié, ou une portion de cercle ou d'ellipſe ;
mais lorſqu'il eſt queſtion de charpente,
c'eſt le modele de bois & l'appui ſur lequel
on poſe les *rangs* de vouſſoirs pour les ſoutenir, juſqu'à ce que la clef étant miſe, ils
ſe ſoutiennent d'eux-mêmes.

Les diviſions de ces rangs s'appellent
lits en joints, qui ſont ordinairement en
ligne droite dans les berceaux droits , &
courbes dans les *tournans* & voûtes *ſphériques* ; les diviſions de ces *rangs*, ſuivant
leur direction, s'appellent *joins de tête* ou
de doele, leſquels ſont des portions des
ceintres, parconſéquent courbes. La différence de ceux-ci eſt que leur alignement ne
doit pas être continu, mais interrompu
par les rangs contigus qui avancent plus ou
moins pour faire la *liaiſon*, au lieu que ces
joints de lit doivent être continués d'alignement droit ou circulaire , ſuivant leurs

directions. Comme toutes ces lignes de joints de lit & de doele font en l'air féparées à des diftances inégales, confidérées horizontalement & verticalement, on en trouve les différences de hauteur par les finus droits des arcs ou leurs parties, & leur furplomb, ou avancés les unes fur les autres par les finus verfes; ce qu'on appelle en terme de l'art, les *à-plomb* & les *retombées*. Ainfi B P *finus* droit de l'arc A B, eft un à-plomb, & A P finus verfe, la *retombée*; d'où réfulte une exacte connoiffance de la pofition & inclinaifon de la corde A B, qu'on appelle la *doele platte*, laquelle fert de préparation à la doele courbe A D B, en ce qu'elle détermine l'intervalle des deux joints de lit de deffus & de deffous; par une forte de trigonométrie méchanique, qui donne l'hypothénufe A B du triangle rectangle A B P, en mefurant la hauteur du joint fupérieur, & l'intervalle de la projection horizontale de ces deux joints.

Il eft donc de néceffité indifpenfable de faire la projection des divifions des lignes courbes du ceintre d'une voûte; mais comme ces courbes peuvent infiniment varier entre le cercle & l'ellipfe plus ou moins alongée ou applatie, lefquelles font prefque les feuls ceintres ufités, & que les fections tranfverfales, qui ne font pas paral-

leles entr'elles, deviennent inégales relativement à leur différence de poſition, il
faut en examiner la dépendance relative.

Des différences reſpectives des ceintres.

Lorſqu'il y a quelque obliquité dans une
voûte, comme dans un berceau qu'on appelle *biais*, c'eſt-à-dire dont la direction
n'eſt pas perpendiculaire à la face, d'entrée
ou de ſortie, ou à aucune des deux, il peut
y avoir à cette ſeule voûte trois ſortes de
ceintres différents, ſçavoir A H B au bout
le moins oblique, F G E à ſon oppoſé, qui
l'eſt plus, & D R O qui eſt perpendiculaire
à l'axe C X, qui exprime ſa direction. Or
ſuppoſant que l'Architecte qui doit la conſ-
truire, ſe détermine à une courbe pour le
ceintre d'une de ces trois poſitions, il eſt
évident qu'*il n'eſt plus le maître du contour
des deux autres*, ſi la voûte doit être exactement cylindrique, ſans irrégularité ; car
s'il fait celui du milieu D R O en demi-
cercle, il fait un demi-cylindre *droit* dont
les autres ſections ſont des ellipſes plus ou
moins alongées dans le rapport des diametres A B & E F, qui ſont leurs grands
axes, déterminés par l'obliquité, & dont
le demi-petit axe eſt égal au rayon de l'arc
droit I R. Puiſque H G eſt parallele à C X,
les clefs devant être à même hauteur, ou

diſtance de l'axe C X ; ce qui conſtitue, ſur les faces, deux ceintres plus & moins ſurbaiſſés.

Mais ſi, par quelque raiſon, on fait un des ceintres des bouts, par exemple A H B, circulaire, les deux autres ſeront elliptiques, D R O ſurmonté, parce que A B eſt plus grand que D O, & F E ſurbaiſſé, parce que F E eſt plus grand que A B, par la ſuppoſition.

D'où il ſuit qu'avant que de faire aucune projection, il faut ſe déterminer au choix du ceintre d'où doivent dépendre les courbures des autres ; ce ceintre s'appelle, par cette raiſon, le *primitif*, & les autres les *ſecondaires*.

Les motifs de ce choix peuvent être différents ; ſi l'on a en vue la plus grande régularité de la concavité, ou *doele* de la voûte, on doit choiſir le ceintre perpendiculaire à ſa direction ; on l'appelle par cette raiſon *l'arc droit*, en ce que ſon plan eſt *droit*, c'eſt-à-dire perpendiculaire à tous les joints de lit ; mais ſi quelqu'une des extrêmités du berceau eſt apparente, on peut ſe déterminer à faire ſon contour circulaire ; quelquefois auſſi l'aſſujettiſſement de la hauteur de la clef d'une voûte, engage à choiſir un ceintre ſurmonté ou ſurbaiſſé.

De l'Arc Droit.

Tout ceintre de quelque courbure que soit son contour, dont le plan est perpendiculaire à la direction d'une voûte cylindrique, ou à la tangente d'une annulaire, comme un berceau tournant, est appellé *l'arc droit.*

Par la même raison, celui qui est perpendiculaire à la tangente d'une surface concave ou convexe tournant annulairement ou circulairement, comme à une naissance de sphere ou de sphéroïde, doit être appellé son *arc droit*; parce que la perpendiculaire à cette tangente fait avec l'arc qu'elle coupe deux angles, de part & d'autre du point d'attouchement, qui sont infiniment peu différens de l'angle droit, l'angle de la tangente avec la courbe étant infiniment aigu.

D'où il suit que tout cercle majeur dans une sphere peut-être appellé un *arc droit.*

Dans un sphéroïde fait par la révolution d'une demi-ellipse sur un des axes, tous les arcs qui passent par l'axe de révolution, sont des *arcs droits.*

Mais dans un ellipsoïde, dont la section perpendiculaire à l'axe est une ellipse, il n'y a que deux *arcs droits*, sçavoir ceux qui passent par les axes de l'ellipse transf-

verfale , & celui de l'ellipfoïde , parce que
les autres plans qui font perpendiculaires à
une tangente de cette ellipfe tranfverfale,
hors des axes, ne paffent point par l'axe
de l'ellipfoïde.

Il fuit de cette définition , qu'il ne peut
y avoir d'*arc droit* dans une voûte conique , parce que les côtés du cône étant
convergens, il ne peut y avoir de furface
plane tranfverfale qui foit perpendiculaire
à tous, mais à un feul d'entr'eux ; car le
triangle par l'axe ne peut être appellé un
arc droit, puifque fes côtés font rectilignes.

Par la même raifon, l'*arc droit* d'un berceau en *defcente* ne peut être parallele à une
face verticale ; ce qui mérite attention en
bien des rencontres.

USAGE.

La propriété de l'*arc droit* eft de déterminer l'exacte figure de la concavité de la
doële de part & d'autre de ce ceintre, dont
le plan, c'eft-à-dire la furface plane dans
laquelle il eft , étant à angle droit fur fa
direction, fera perpendiculaire à tous les
joints de lit qui font les côtés du cylindre,
& les arrêtes des vouffoirs feront les fommets des angles mixtes infiniment peu
différens des droits; ce qui eft néceffaire,
comme nous l'avons dit , pour la folidité

de

de la conſtruction , & l'égalité de la réſiſ-
tance des pierres taillées ſur le même modele d'ouverture de ces angles mixtes,
qu'on peut eſtimer comme *droits* ; ces modeles ſont des inſtrumens appellés *biveaux,*
dont nous parlerons dans la ſuite de cet
Ouvrage.

*Regles du deſſein de l'épure , concernant le
plan ou la projection horizontale.*

I.

*Dans toutes les voûtes où le ceintre de
face & l'arc droit ſont inégaux , il faut commencer par ſe déterminer au choix de celui
des deux auquel on doit avoir plus d'attention pour en faire le ceintre primitif.*

On a donné ci-devant la raiſon de cette
regle, lorſqu'on a parlé de la dépendance
mutuelle des ceintres reſpectifs, différens
dans une même voûte biaiſe par ſes faces.
On peut ajouter ici que dans les berceaux
en deſcente, le rapport de *l'arc droit* au
ceintre de face eſt tout différent. Si l'on
fait le ceintre de face circulaire , l'arc droit
devient ſurbaiſſé ; parce que le diametre
de l'un & de l'autre étant égaux en largeur,
& en ſituation horizontale, les demi-diametres de hauteur, quoique dans un même

plan vertical, ne font pas paralleles entr'eux, mais convergens du côté de l'axe auquel celui de face C H est oblique, par conséquent plus grand que celui de *l'arc droit* O D ; parce que faifant C*d* parallele à O D, C*d* est à C H, comme le côté d'un triangle rectangle est à fon hypoténufe.

D'où il fuit que les confidérations de convenance pour la beauté de l'arc de face, font encore affujetties à la hauteur d'une montée à donner à l'arc droit. Si on faifoit celui-ci circulaire, il en réfulteroit un ceintre de face de defcente furmonté, lequel, fi la voûte étoit extradoffée, occafionneroit ou une irrégularité dans la doele, ou une difformité à la clef, ou le bandeau feroit de largeur inégale depuis les impoftes, ou elle feroit plus petite qu'à la clef, comme nous l'avons démontré des ellipfes *afymp-totiques*, formées par la fection oblique d'un cylindre creux d'égale épaiffeur ; de forte qu'il faudroit plier la fuite de la furface de l'extrados pour retrancher cet excès de largeur.

On verra ci-après que lorfque les murs font en talud, il importe fort de fe déterminer au choix du ceintre primitif, parce que, fi l'on veut faire une ouverture circulaire, on ne peut en faire la projection fur une ligne droite, elle devient elliptique, fort alongée, selon que le talud est plus ou moins couché. Cette détermination est encore plus importante, si l'on veut faire une porte cylindrique dans une tour ronde, concave ou convexe; car alors le ceintre de face apparente devient une courbe à double courbure qui est un *cicloïmbre*, si la tour est sans talud, mais un *ellipsoïdimbre*, si la tour est en talud, & la direction de l'axe de la baie de la porte oblique, comme on l'a démontré dans le premier Livre.

SECONDE REGLE.

Diviser le ceintre primitif en autant de parties égales, au moins de part & d'autre du milieu, qu'on voudra avoir de rangs de voussoirs & réguliérement en nombre impair.

S'il s'agissoit d'opérer géométriquement, cette division en parties égales entre elles & en nombre impair, seroit souvent impossible, lorsqu'elle dépend de la trisection d'un angle : mais cette grande précision étant inutile dans l'art de l'Appareil des voûtes, on la fait en tâtonnant.

La raison de cette imparité est qu'il faut laisser au milieu un rang de voussoirs également appuyés sur ses collatéraux de droite & de gauche, qu'on appelle la *clef*, il n'y a qu'un cas où on n'observe pas cette regle

générale, c'est dans l'appareil d'une voûte
sphérique établie sur un quarré, où il se
trouve un joint au milieu des pans, comme
on le verra lorsqu'on parlera de cette espece
de voûte.

Il faut encore excepter de cette regle de
division de voussoirs en nombre impair, les
arcs *rampans* qui ont plus de voussoirs d'un
côté que de l'autre, mais cependant dont
le sommet doit être occupé par une clef
qui s'appuye de même, également de part
& d'autre.

TROISIEME REGLE.

*Diviser les arcs extérieurs & intérieurs du
ceintre primitif qui comprennent l'épaisseur de
la voûte en parties proportionnelles, par des
perpendiculaires à ces arcs aux points de leurs
divisions, pour régler l'inclinaison de leurs
jonts de tête, & par conséquent les lits des
voussoirs dont ils terminent les surfaces.*

Cette direction des divisions est toute
naturelle dans les têtes des voûtes cylindriques, parce qu'il ne s'agit que de tirer
par les points de l'arc extérieur ou intérieur
des lignes tendant au centre, qui sont les
rayons du cercle de la base du cylindre,
parce que le rayon est toujours perpendiculaire sur tous les arcs concentriques, par

conséquent il les divise proportionnellement.

Mais si ces ceintres sont elliptiques, comme il arrive dans les cas où leur plan est
oblique à l'axe, cette division proportionnelle des arcs de l'extrados & de la docle,
n'est pas si facile; par deux raisons : la premiere que la ligne tirée du centre d'une
ellipse à sa circonférence, ne tombe perpendiculairement sur l'arc que dans les seuls
quatre points où se terminent ses deux axes ;
ailleurs cette ligne fait deux angles inégaux
avec la tangente, un aigu d'un côté & un
obtus de l'autre, ce qui est contre la regle
que nous avons établie pour la solidité des
angles des arêtes des voussoirs.

La seconde, c'est que nous avons démontré que la section plane oblique à l'axe d'un
cylindre creux, d'égale épaisseur, fait deux
ellipses; une à l'arête intérieure, l'autre à
l'extérieure, qui ne sont point équidistan-
tes, par conséquent point paralleles entre
elles ; d'où il résulte que la ligne qui est perpendiculaire à un de ses arcs, par exemple
à l'extérieur, ne peut l'être à l'intérieur opposé ; de sorte qu'ils ne peuvent être coupés
proportionnellement par une seule ligne
droite.

Pour obvier au premier inconvénient, il
ne faut pas tirer les joints du centre de l'el-

lipfe, mais mener par le point de divifion
une tangente à cette courbe, comme nous
l'avons dit au fecond Livre & tirer une
perpendiculaire à cette tangente par le
point donné ; elle fera perpendiculaire à
l'arc, par la raifon que nous en avons
donné, que la tangente fait un angle infiniment petit avec la courbe au point de fon
attouchement ; de forte qu'à ce point on
peut confidérer la tangente & l'arc comme
confondus ; en ce cas l'opération eft parfaite & géométrique.

Mais lorfque le joint doit couper deux
ellipfes, comme les arrêtes de la docle &
de l'extrados, il eft impoffible d'opérer auffi
parfaitement, par la raifon que nous venons d'alléguer : alors il fuffit, pour la juf-
teffe apparente de l'opération, de tirer le
joint au milieu de l'épaiffeur ; car les courbes de l'arrête de docle & celles d'extrados
n'étant pas paralleles, leurs tangentes ne
le feront pas, mais elles feront un angle
entre elles ; & fi l'on fuppofe une troifieme
ellipfe paffant par leur milieu, elle fera
touchée par une tangente qui fera encore
un angle avec les deux autres perpendiculaires, qui fera moyen, je veux dire plus
grand que l'un, & plus petit que l'autre ;
ce qui fuffit pour fatisfaire l'œil.

Ceux qui font les ceintres furmontés ou

furbaiſſés en ovale, compoſée d'arcs de cercles, qu'on appelle chez les ouvriers *anſe de panier*, ne trouvent point cette difficulté de tirer les joints perpendiculairement à la courbe, parce que les arcs de cercles étant concentriques, le joint tiré, part d'un centre commun, & ſe trouve perpendiculaire à l'arc intérieur tout comme à l'extérieur, puiſqu'ils ſont paralleles entre eux.

Mais ils tombent dans un autre défaut que perſonne, que je ſçache, n'a relevé; c'eſt que les ſections obliques d'un cylindre, d'épaiſſeur uniforme, étant plus larges vers le grand axe que vers le petit, comme nous l'avons démontré au Chap. III, Partie I, on ne peut rendre les contours des arrêtes extérieures & intérieures paralleles entre deux, ſans altérer l'épaiſſeur de la voûte, ou en la diminuant vers la clef, ou en l'épaiſſiſſant vers les impoſtes; ce qui eſt évidemment contre la régularité. C'eſt delà que ſont venus les erreurs groſſieres des Auteurs des Traités de la coupe des Pierres dans les traits des voûtes ellipſoïdes, c'eſt-à-dire ſurhauſſées ou ſurbaiſſées ſur un plan ovale, comme nous l'avons démontré dans notre ſecond tome, au quatrieme livre de Stéréotomie.

Or puiſque de tels ceintres *d'anſe de pa-*

nier ont de fauſſes imitations de l'ellipſe; il ſuit que les joints de tête tirés des centres des portions d'arcs de cercles ne peuvent avoir la même direction que ceux d'un *arc droit* circulaire; par conſéquent les ſurfaces des lits ne ſeront plus planes, mais courbes, de cette courbure qu'on appelle *gauche*, parce que les côtés oppoſés de leurs ſurfaces ne ſont pas paralleles, au moins dans leur projection, où leurs courbes ſe croiſent.

La raiſon de la regle qui preſcrit des diviſions proportionnelles & perpendiculairement aux tangentes, eſt fondée ſur ce que les lits des vouſſoirs étant également inclinés à l'horizon, l'impulſion de la peſanteur ſur les côtés eſt uniforme de part & d'autre, & par conſéquent fait le même effort ſur les pieds droits, qui en empêchent l'écartement, s'ils ſont de force ſuffiſante, relativement à la charge & à leur hauteur.

Secondement, parce que les angles des arêtes étant égaux entre eux, & également preſſés, la pierre n'eſt pas plus ſujette à caſſer au lit de deſſus qu'au lit de deſſous; inconvénient qu'on voit arriver aux clavaux des plattes-bandes, lorſqu'on ne corrige pas la néceſſité qu'il y a de faire les angles des arêtes de ſuite d'ouverture inégales, l'un aigu, l'autre obtus, par un pli du joint.

QUATRIEME REGLE.

Abaisser des perpendiculaires de chacun des points de divisions de l'arc extérieur, & de l'intérieur sur le diametre commun prolongé, s'il le faut, pour en avoir la projection sur une ligne droite.

Soit A B le diametre commun des contours du ceintre à l'extrados AHB, & à la docle ou intrados D I E.

Fig. 141.

Ayant divisé ces contours proportionnellement, comme on vient de le dire, on abaissera des perpendiculaires des points 1, 2, 3 de l'extrados, qui couperont le diametre aux points *a*, *b*, *d*, lesquels seront leurs projections. On en usera de même pour l'intrados aux points 4, 5, 6, qui donneront pour leurs projections *b*, *c*, *e*, parce que dans cette figure la perpendiculaire 2 *b* passe par hazard sur le point 4; de sorte que le point *b* représente les deux de l'extrados 2, & de l'intrados 4.

On a remarqué ci-devant que si la tête, ou face d'entrée de la voûte est en talud ou en surplomb, la projection de ses divisions en voussoirs ne peut se faire sur son diametre, ni sur aucune ligne droite, mais au contour d'une ellipfe plus ou moins arrondie, fuivant le plus ou moins d'inclinaifon du plan de cette face.

La raifon de cette opération eft qu'elle fournit un moyen de trouver les diſtances horizontales Aa, ab, bc, de d'un triangle rectangle vertical, dont chaque perpendiculaire eft la hauteur & dont l'hypoténufe eft la corde de l'arc du ceintre, laquelle eft ainfi déterminée à plus ou moins d'inclinaifon, fuivant le rapport des deux jambes qui comprennent l'angle droit ; ce qui donne le furplomb des docles de chaque rang de vouffoir, foit en fomme, foit en particulier ; & de plus l'inclinaifon des joints de lits ; car fi de la hauteur de l'extrados a 1 , on ôte celle de la docle 4. b, on aura la différence f 4, qui eft la hauteur d'un autre triangle rectangle vertical f 1 4, dont tous les côtés font connus , & par conféquent l'angle f 4 1 , qui eft celui de l'inclinaifon de la furface du lit 1 4; car $f 4 = ab$, donne à la projection f 1 , différence des hauteurs trouvées, & 1 , 4 eft la largeur du lit de deffus du premier vouffoir, & l'angle obtus 1 : 4 : b, qui eft celui de l'àplomb & du lit , eft le fupplément à deux droits de l'angle f. 1 . 4 = 1 . 4 . 2 fon alterne.

Cette regle de pratique eft la fondamentale

de toutes les projections ; on la trouvera répe-
tée à chaque *trait* de la Coupe des Pierres.

Il faut feulement remarquer que, quoique
les lignes ne foient pas àplomb ou de niveau, les unes à l'égard des autres, il fuffit
qu'elles foient mutuellement perpendiculaires, pour donner les mêmes réfultats de
projection ; ainfi on peut, pour la commodité du papier, ou de la furface deftinée à
tracer l'epure, faire le trait fans niveau, ni
àplomb, mais feulement avec une équerre
en fituation quelconque.

CINQUIEME REGLE.

*Mener par les points de projection des divi-
fions des ceintres des lignes paralleles à la direction de la voûte, foit qu'elle foit droite,
foit qu'elle foit courbe tournante, fi les
voûtes font de largeur uniforme, ou concourant à un même point, fi elles font de
largeur inégale, comme les coniques en-
tieres ou tronquées, pour exprimer fur le
plan horizontal la pofition relative des
joints de lit.*

Cette opération eft fort fimple & facile
dans les voûtes droites, comme les berceaux où il ne s'agit que de tirer des paralleles à fon axe, c'eft-à-dire à la ligne du
milieu, ou à un des côtés.

S'il s'agit d'une voûte en berceau tournant, ces lignes parallèles feront des cercles concentriques : s'il s'agit d'une voûte sphérique, ce sera encore la même chose si les lits sont par rangs de niveau.

Mais si ces rangs sont inclinés ou verticaux, comme lorsqu'on fait des *voûtes sphériques fermées en polygone quelconque*, les projections deviennent différentes du cercle ; ce sont ou des ellipses pour les inclinés, ou des lignes droites pour ceux qui sont dans un plan vertical, comme aux niches sphériques appareillées en éventail, ou aux sphériques entières, dont les pôles sont à l'imposte.

Quant à la derniere espece de voûtes, qui sont les coniques, telles sont les *trompes*, ou des berceaux resserrés, suivant leur direction en cônes tronqués, comme celui de l'escalier du Vatican à Rome, il n'est pas aisé d'en tracer la direction, parce que le point de concours des joints de lit est fort loin au delà de l'extrêmité de la voûte, auquel cas il faut chercher cette direction convergente par une pratique de Géométrie qu'on trouvera dans le Problême suivant.

PROBLEME I.

Par un point donné auprès de deux lignes convergentes, en tirer une troisieme qui tende au même sommet de l'angle, qu'elles feroient si elles étoient prolongées jusqu'au point de leur concours.

Soient données les lignes A B, C E inclinées entre elles & le point D, entre les deux, comme à la fig. 142, ou au dehors, comme à la seconde 143. On tirera, à volonté, par ce point, une ligne A D C ou D A C, qui coupe les deux lignes données en A & C, à laquelle on menera une parallele BE prolongée au dehors, s'il le faut, & à telle distance qu'on voudra de la premiere : on tirera ensuite les diagonales AE, BC par les points où cette parallele coupe les lignes données qui se croiseront en H. Du point D par H on tirera l'indéfinie DG qui coupera BE en G, si l'on transporte la longueur GE de B en X, la ligne DX sera celle que l'on cherche.

La démonstration en est simple à cause des triangles semblables ADH, EGH; on aura AD : EG comme AH. EH, par la même raison des triangles semblables ACH, EBH; on aura AH : EH :: AC : BE; donc AD : EG=BX :: AC : BE. Ce qu'il falloit démontrer.

Fig. 143.

La raison de la regle dont il s'agit, est que les voussoirs qui, pour la solidité, doivent être couchés suivant la direction de la voûte, doivent y être alignés par rangs uniformes dans leur largeur, ou diminuer proportionnellement, afin que le nombre soit le même à un bout qu'à l'autre, si le berceau se rétrecit.

Lorsque les joints des lits sont de niveau, on trouve leur mesure sur la projection horizontale, ce qui est fort commode pour l'appareil; mais s'ils sont inclinés comme dans les berceaux en descente, ou dans les voûtes coniques, cette projection ne sert qu'à fournir une base au triangle rectangle, dont l'hypoténuse détermine leur véritable longueur; ce que nous expliquerons en parlant du profil.

Il suit de cette regle que les joints de lits doivent être continués en ligne droite, d'un bout à l'autre de la voûte; ce qui constitue une différence de ces joints à ceux des têtes ou de doele qui sont transversaux, lesquels sont continuellement interrompus pour la liaison qui est observée pour la solidité : cependant j'ai vu un exemple du contraire à une arche de l'ancien pont d'Avignon, sur le Rhône, dont les joints de doële étoient continués en déliaison alignée parallélement en ceintres, en quatre parties; enforte qu'il paroiſſoit compoſé de quatre arcades indépendantes les unes des autres, quoique de même hauteur, dont une pouvoit s'affaiſſer & même tomber ſans entraîner les autres : ce qui ne peut arriver dans une voûte où l'on obſerve les liaiſons ſuivant l'uſage ordinaire.

Les lignes de projection des diviſions du ceintre doivent être premiérement faites ſur l'arc intérieur de la doele, où les joints ſont apparens; cela n'empêche pas qu'on ne doive en faire de ſemblables à l'arc extérieur ou extrados, ſi l'on veut faire la voûte d'épaiſſeur uniforme, comme l'on voit dans la fig. 141 ; ce qui donne auſſi des lignes parallcles à la direction, par conſéquent à celles de la doele qui le ſont à la même.

COROLLAIRE.

D'où il réſulte que les ſurfaces des lits ſont toujours des ſurfaces planes, puiſqu'elles doivent néceſſairement paſſer par deux lignes parallcles entr'elles (par la 7ᵉ prop. du 11ᵉ liv. d'Eucl.) ; ce qui arriveroit encore ſi la voûte avoit plus d'épaiſſeur vers les reins, que vers la clef.

Et parce que les projections de joints de lit des voûtes courbes ſuivant leur direction, comme les voûtes ſphériques, & cel.

les fur le noyau, font aufli entre deux arcs
de cercles paralleles & concentriques ; il
fuit que les furfaces des lits qui font concaves & convexes, font des portions de
zones, de cônes, ou de conoïdes, parce
que la direction du lit de la doele à l'extrados eft une ligne droite, lefquelle zones
doivent aufli être de largeur uniforme,
fi les rangs des lits font en fituation de niveau, c'eft-à-dire, dans un plan horizontal.

COROLLAIRE II.

Par une fuite de la comparaifon de la
projection des joints de lit de la doele &
de l'extrados, on voit au contraire qu'il eft
des cas où les lits doivent être des furfaces
gauches, ce qui eft contre la regle générale
de l'appareil des berceaux cylindriques, &
des coniques tronqués : un de ces cas eft
lorfque le berceau eft de différens ceintres
d'un bout à l'autre ; par exemple, une defcente dont le bas eft en plein ceintre, & le
bout du haut eft furbaiffé ou furmonté ;
quoique ces deux ceintres foient paralleles
entr'eux, c'eft-à-dire, dans des plans paralleles, parce qu'alors les projections
des joints de lit ne font plus paralleles, les
ceintres oppofés n'étant pas divifés proportionnellement, quoiqu'en même nombre
de vouffoirs, parce qu'on les fuppofe de

courbes

courbes différentes, où le rayon du cercle qui fait le joint de tête, ne peut-être perpendiculaire ailleurs qu'aux axes du contour du ceintre elliptique; ce que l'on reconnoîtra mieux dans les regles du profil & de l'élévation auxquelles nous allons passer.

CHAPITRE I.

De la projection sur un plan vertical, en termes de l'art.

Du profil & de l'élevation.

ON a vu, dans le chapitre précédent, que de la seule projection horizontale on ne pouvoit tirer, tout au plus, que deux mesures d'un corps qu'on veut représenter; sçavoir, la longueur & la largeur horizontale : il faut donc avoir recours à une seconde projection, semblable dans sa construction, mais tournée différemment à l'égard de l'horizon, pour exprimer la hauteur & la largeur qui lui est relative, & qui peut varier dans son élévation, parce que dans la précédente projection on n'a pu en exprimer que la base; telle est, par exemple, celle d'une pyramide; & même ces deux représentations, jointes ensemble, ne

peuvent pas toujours fournir toutes les me-
-fures néceffaires à la formation du corps
qu'on fe propofe de former, ou tirer d'un
plus grand, foit en taillant une pierre ou
du bois, ou en y ajoutant, comme lorfqu'on modele avec de la terre, ou du plâ-
tre.

Pour montrer l'infuffifance d'une feule
projection, il fuffit de faire remarquer que
les corps différens ont fouvent des projections égales, foit horizontalement, foit
verticalement, (car l'une & l'autre ne différent que de fituation & de nom), ainfi
un cube, un parallélepipede rectangle,
une pyramide fur fa bafe, ou renverfée fur
fa pointe, ont également un quarré pour
projection.

Voyez la Pl. 11. pag. 41.
Voyez les Figur. au commencement de la Pl. 10.

Une fphere, un cône fur fa bafe, ou ren-
verfé fur fa pointe, un cylindre entier ou
tronqué obliquement, & une vis ont également un cercle pour projection; un an-
neau, une vis en hélice, ou une colonne
torfe fort évuidée, ont également une couronne de cercle pour projection; ainfi on
peut s'y tromper fi l'on n'y joint une autre
projection perpendiculaire au plan de la
premiere, c'eft-à-dire, que fi l'un eft horizontal, l'autre doit être vertical pour exprimer celle des trois dimenfions du folide qui manquoit à la premiere repréfen-

tation. Ces deux projections étant jointes ensemble, comme on voit à la planche 11, on en connoît ordinairement les trois mesures, longueur, largeur & hauteur; les unes dans ce qu'on appelle le plan, & les autres dans le profil ou élévation.

Cependant ces deux représentations, jointes ensemble, ne suffisent pas encore pour donner une pleine connoissance de la figure & des dimensions de la plûpart des corps; car s'ils sont compris dans des surfaces inclinées, ou courbes, les mêmes projections horizontales & verticales peuvent provenir de corps de figures différentes, comme un triangle peut également représenter un cône & une pyramide, un parallélogramme peut être également la projection d'un cylindre, d'un prisme quadrangulaire ou triangulaire, ou de tout autre polygone & d'un voussoir compris par des surfaces partie planes, partie concaves & convexes : ainsi à deux projections horizontales & verticales, il en faut souvent ajouter une troisieme sur un plan vertical, tourné différemment à l'égard de l'horizon ; par exemple, si l'un est tourné au nord ou au sud, un autre tourné à l'est ou à l'ouest, c'est-à-dire, au levant ou au couchant; encore arrive-t'il souvent que ces différentes représentations ne donnent pas toutes les mesures des surfaces qu'on cherche, comme lorsqu'elles sont inclinées à tous ces différens plans de projection ; tel est un cube posé en équilibre sur un de ses angles, aucune de nos projections ne fourniroit la mesure de son côté sans une opération particuliere sur sa diagonale qui seroit la seule dimension donnée. Cependant comme en Architecture toutes les opérations se réduisent à celles de niveler & de plomber, après avoir donné des regles pour la premiere, qui est le plan, il convient d'en donner pour la seconde, concernant les élévations & les profils.

Premiere regle de projection verticale d'élévation ou profil.

Un ceintre A H B supposé en situation verticale étant donné avec ses divisions en nombre de vousloirs, il faut élever sur l'extrêmité du diametre AB une verticale BV, à laquelle on menera des perpendiculaires par les points de division 1, 2, 3, & par le sommet H, qui couperont cette verticale aux points B, 4, 5, 6, V.

Fig. 141.

Cette opération est si semblable à celle de la projection horizontale qu'elle n'a pas besoin d'explication, puisqu'elle ne differe que dans la position des lignes, en changeant l'à-plomb pour le niveau, ce qu'on apperçoit en tournant la figure fur le côté, comme fi l'on vouloit faire la projection de l'arc convexe H 2 B , fur la ligne B V tangente à cet arc, au lieu que pour le plan elle fe fait fur le rayon CB, oppofé à fa concavité.

D'où il réfulte un effet tout contraire ; car la projection fe refferre ici de plus en plus depuis le point B au fommet H ; en forte que V 6 eft le plus petit intervalle , & dans la projection horizontale, PC, provenant du même arc H 3 , eft le plus grand.

Où il faut remarquer qu'il n'eft pas de l'effence du profil que la ligne de projection B V foit verticale : elle peut être inclinée à l'horizontale CB, comme lorfque la face d'un berceau eft en talud ; mais il faut que la ligne de profil inclinée comme B T foit dans un plan vertical , répondant à la ligne du milieu C H , qui eft le rayon vertical du berceau : alors la circonférence du ceintre qui provient de cette projection n'eft plus un cercle comme le primitif A H B, mais une *ellipfe furmontée*, parce que la ligne du milieu B T eft plus grande que C H , parce qu'elle eft inclinée entre les deux parallèles horizontales H T , CB.

Si au contraire on vouloit que le ceintre en talud fût circulaire, il en réfulteroit que le ceintre A H B deviendroit furbaiffé, &

le diametre A B plus grand qu'il n'étoit, ou le rayon B T plus petit de la longueur K T ; d'où l'on connoît la nécessité de se déterminer à un ceintre primitif, comme nous l'avons dit à la premiere regle de projection ; car si on veut faire le ceintre en talud circulaire, il faut reporter sur la ligne B T, toutes les divisions de projection de la ligne B H, par des arcs de cercles tirés du point B pour centre, comme V K, 6, 9, 5. 8, 4. 7, pour avoir les divisions du ceintre en talud B, 7, 8, 9, K, qui donnent des à-plombs plus petits, ces points étant plus bas que les points V ; 6, 5, 4 ; d'où il résulte que, quoique la face du berceau soit circulaire, *l'arc droit* sera surbaissé au dedans.

La raison de cette opération est toute simple ; elle sert à trouver la troisieme dimension qui est la *hauteur* du corps, dont la projection horizontale n'avoit pu donner que la longueur & la largeur.

Corollaire et Usage

Sur les relations nécessaires du profil avec le plan.

C'est de ce profil, comme d'une préparation nécessaire que l'on tire la maniere de faire les projections de faces inclinées au

plan horizontal, dont nous n'avons pu parler dans l'Article précédent, avant qu'il
fût préfuppofé, parce que les demi-cercles
inclinés à l'horizon ont pour projection
des ellipfes plus ou moins arrondies, fuivant le plus ou moins d'inclinaifon du plan
dans lequel eft le ceintre primitif d'un berceau, qu'on fuppofe ordinairement être
une courbe donnée dans un plan vertical,
& le plus fouvent un demi-cercle divifé
en fes vouffoirs, comme A H B aux points   *Fig. 141.*
1, 2, 3, H d'un côté de la clef, & autant
de l'autre, à même hauteur correfpon-
dante.

Or repréfentant le plan du ceintre vertical par la ligne V B, elle en fera le profil,
& les points 4, 5, 6, V, où cette ligne eft
coupée par les horizontales 3.6, 2.5, 1.4,
repréfenteront en profil les divifions 1, 2,
3, de même hauteur au deffus du diametre
A B, avec lequel la ligne B T, fait l'angle
obtus, donné A B T du plan incliné, &
l'angle V B T aigu avec un plan vertical.
C'eft de celui-ci pour terme que l'on mefure les écartemens des points correfpondans des hauteurs des divifions du ceintre
primitif 1, 2, 3, H, fur les horizontales
H T & fuivantes, fçavoir V T, 6 K, 5 *k*,
4*i*, qui font autant d'ordonnées à l'axe E D
de l'ellipfe à faire, fi le berceau eft droit,

c'eſt-à-dire dont la face AHB eſt perpendiculaire à la direction de ſon axe C M.
Ainſi en portant ces diſtances ſur les projections des joints de lits correſpondans,
ſçavoir V T en M t, 6 K en o L, 5 k en $p k$,
4 i en $q i$, on tracera la demi-ellipſe par
les points t L K I E d'un côté de la clef t
& t D, de même de l'autre, parce que
dans ce cas E D eſt le grand axe, & M t la
moitié du petit : mais ſi le berceau eſt oblique, comme un demi-cylindre ſcalene, les
axes ne ſont plus donnés; comme ſi le plan
horizontal étoit $a b$ F G ; les deux quarts
de l'ellipſe F t & G t ne ſeront plus ſemblables : le premier ſera plus couché que le ſecond, parce que les deux diametres trouvés ne ſont pas des axes, mais les diametres conjugés dont il n'y a que le grand
F G donné ; la moitié du conjugé eſt bien
donnée de poſition au plan horizontal en
X m ſur l'axe, mais ſa longueur ne l'eſt
pas; il faut la chercher en faiſant ſur A C,

Fig. 141. prolongée une perpendiculaire $a u$, ſur laquelle on portera de ſuite les écartemens
du talud V T en u R, 6 K en 3 R, 5 k
en 2 R, 4 i en 1 R, & par les points 1,
2, 3 V, on tirera des paralleles a F G,
qui couperont les projections horizontales
de l'axe & des joints de lit aux points $x y z$
d'un côté, & S Y Z de l'autre, par leſquels

on tracera la demi-ellipse F *t* G que l'on cherche.

La raison de cette différence de projections consiste en ce que, quand on mesure le talud, on le prend toujours quarrément, c'est-à-dire, perpendiculairement à un plan vertical supposé passer par le diametre horizontal; ainsi les projections obliques sont plus longues que les perpendiculaires dans le rapport de X*t* à M*t*. Au reste on voit que les opérations du profil n'ont pour but que de trouver la troisieme dimension des corps, qui est la hauteur.

SECONDE REGLE.

Lorsque plusieurs berceaux de différentes directions aboutissent les uns aux autres, & que la projection verticale du ceintre primitif est faite suivant la regle précédente, il faut *mener par les points de division du profil donné, des lignes paralleles à chacune des directions des différens berceaux jusqu'à la diagonale de l'angle que font les deux directions contiguës, sur laquelle elles donneront des points de nouvelles divisions, par lesquels on reproduira d'autres paralleles à la direction du berceau contigu.*

Fig. 145.

Soit, par exemple, une entrée de berceaux de niveau CHDI, qui conduit à

un escalier voûté d'un berceau en descente
IDEF, terminé par un autre sur un palier
de niveau FEGK, qui détourne à droite
ou à gauche; il s'agit de faire les profils
Fig. 145. de ces berceaux différens, supposés coupés
par le milieu de leur hauteur, & tracer les
contours des ceintres de leurs rencontres
& de leurs *arcs-droits*, dont les demi-diametres sont donnés d'inégales hauteurs.
Ayant tracé une moitié du ceintre primitif avec ses divisions en voussoirs, comme
ACH en 1, 2, 3; on menera par ces points
de divisions des lignes paralleles à la direction CI, qui rencontreront la ligne de profil de la face CH aux points *e*, *f*, *g*, & la
diagonale DI de l'angle de montée CIO
aux points *d*, *d*, par lesquels on reproduira
d'autres paralleles à la direction de montée
IF, qui rencontreront la seconde diagonale EF aux points *r*, *u*, *x*, par lesquels on
reproduira d'autres paralleles à la direction
du palier FK, qui rencontreront la face
du palier supérieur aux points G, *y*, *t*, *s*,
qui donneront les hauteurs des divisions
du ceintre de cette face, & si on prolonge
au dehors indéfiniment ces paralleles,
qu'on les fasse égales aux ordonnées du
ceintre primitif; sçavoir, *s* 1 égale à 1 *e* du
bas, *t* 2 égale à 2 *f*, & *y* 3 = 3 *g* du bas,
on aura le contour du ceintre du palier su-

périeur à moitié, en menant une courbe
par les points trouvés G 3, 2, 1 *b*, qu'on
suppose ici surbaissée, si l'on veut, suivant
un demi-diametre donnée K G, plus petit
que C H, supposant que le passage du palier supérieur fût assujetti à une moindre
hauteur que celui du bas, comme il arrive
assez ordinairement par l'inégalité des éta-
ges, dont les seconds sont moins hauts que
les premiers.

Comme l'égalité ou l'inégalité de la
concavité des berceaux qui aboutissent les
uns aux autres, dépend de la position des
diagonales I D F E des angles de leurs directions C I F, I F K, si l'on veut que la partie du berceau CHDI soit également concave que le suivant en montée IDEF, il
faut diviser l'angle obtus CIF en deux, également par la diagonale I D, parce qu'a-
lors la reproduction de la premiere parallel-
le de sommité H D par le point de section
D avec la diagonale D I sera D E, autant
éloignée de l'imposte I F que H D l'est de
C I ; ce qui donne les demi-diametres des
arcs droits, CH & RO égaux entre eux :
mais si la diagonale est plus panchée d'un
côté que de l'autre, comme EF dans l'angle DEG, & plus près de EG que de ED ;
alors la ligne de sommité DE parallele à
IF, rencontrera plutôt la diagonale EL de

l'angle supérieur DEG, que celle de l'inférieur de l'imposte IFK qui est FZ de la distance des diagonales LE, FZ, qui partagent ces angles en deux également ; d'où il résulte que l'intervalle des paralleles de sommité, à l'égard des impostes, donnent des demi-diametres *d'arcs droits*, O R & K G, inégaux & par conséquent que le ceintre supérieur est surbaissé, comme on le voit à la moitié K G *b*, quoique celui du berceau en descente soit circulaire comme A C H, parce que la largeur C A ou K *b* étant égale en haut & en bas, l'inégalité du ceintre tombe sur la différence de hauteur, laquelle étant moindre, rend la voûte du palier supérieur moins concave, quoique jointe exactement à la suivante en descente, qui est plus concave.

Il suit de cette observation, que pour faire le profil, il faut se donner la hauteur GK, & tirer la parallele de sommité G E jusqu'à la rencontre de celle D E qui est indécise vers E ; & du point de leur rencontre en E, on tirera la diagonale E F de l'angle rentrant supérieur à l'angle saillant F de rencontre des impostes IF & FK, pour avoir les points de sections des lits en rampe *d r*, *d u*, *d x*, avec cette diagonale en F, *r*, *u*, *x*, E, d'où l'on reproduira leur suite de niveau en F K, *r s*, *u t*, *x y*,

EG; ce qu'il falloit faire pour achever le profil de la suite des joints de lit qui doivent couper proportionnellement les diagonales DI & EF.

Par le moyen de ces points de division on peut décrire tous les différens ceintres de ces berceaux; sçavoir, ceux de face CH & GK, qui font aussi les *arcs droits* des deux portions de berceau de niveau, l'*arc droit* RO du berceau en descente, & les deux arcs de rencontre de ces trois berceaux, dont les diagonales DI & EF font les demi-diametres divisés proportionnellement aux autres.

Par ces points de division on a toutes les abcisses de ces différens cercles & ellipses, & parce que la largeur est uniforme aux impostes; on a dans le ceintre primitif A 2 C, toutes les ordonnées qu'on doit appliquer perpendiculairement aux différens diametres donnés sur les points des divisions trouvés d, d, d, dans la premiere diagonale DI, $r u x$ dans la seconde, & $s t y$ dans l'arc de face supérieure, ou $Gb = AH$, $s1 = 1e$, $t2 = 2f$, & $y3 = 3g$.

Par ces applications on formera le ceintre de rencontre DI, qui est celui de *l'arête* en *faillie*, que font les surfaces des deux doëles concaves, & celui de rencontre de la rampe & du niveau du palier,

dans l'angle *rentrant*, appellé *en arc de cloître*. Ainſi on décrira cinq ceintres de contours différens. 1°. Sur le demi-diametre
C H primitif circulaire, ſi l'on veut. 2°. Sur
le demi-diametre I D elliptique ſurmonté,
parce que I D eſt plus grand que C H. 3°.
Sur le demi-diametre O R perpendiculaire
à I F, l'*arc droit* égal à C H circulaire. 4°.
Sur le demi-diametre F E ſurmonté, parce
qu'il eſt plus grand que R O. 5°. Enfin ſur
le demi-diametre K G ſurbaiſſé, parce qu'il
eſt plus petit que C H par la ſuppoſition.

S C H O L I E.

Si la rencontre de ces berceaux ſuppoſés
en hauteur ſur un plan vertical, étoit ſuppoſée ſur un plan horizontal on opércroit
de même : il n'en réſulteroit d'autre différence que celle que nous avons remarquée
au commencement de ce Chapitre, que
celle de la largeur des joints de lits qui s'é-
largiroient par la projection horizontale
vers le ſommet, au lieu que dans la verticale les mêmes ſe rétreciſſent.

Des profils des berceaux à double obliquité
horizontale & verticale.

Nous n'avons ſuppoſé juſqu'ici qu'une
ſeule obliquité de direction, ou à l'égard
du plan horizontal, appellé *biais*, en termo

de l'art, ou d'une obliquité à l'égard du plan vertical qu'on appelle *talud* ou *furplomb*; l'une couchée en arriere, l'autre en devant; ce qui arrive quand un berceau inférieur appuie le bout d'un incliné en defcente.

Mais il eft des obliquités compofées de l'une & de l'autre qu'on ne peut exprimer ni dans le plan horizontal, ni dans le profil fur aucun vertical, fans raccourcir les mefures de l'un ou de l'autre, telles font celles du *biais* & *talud*, joints enfemble, ou de la *defcente* & *du biais*; parce qu'alors le plan de defcription étant parallele ou perpendiculaire à une des directions, ne peut l'être à l'égard de l'autre. On verra dans le 4ᵉ. livre de ma Stéréotomie comment on en fait le *trait* aux voûtes qui font dans pareil cas: mais comme nous voulons donner dans ces Élémens des regles générales de pratique, nous allons en établir pour fimplifier cet objet qui eft fort compofé.

PROBLEME I.

Réduire toutes les différentes obliquités des berceaux, rassemblées en une, où l'on puisse trouver les mesures que l'on cherche par le profil, c'est-à-dire, le biais, talud & descente en un seul biais.

Ce Problême est la révélation du mystérieux secret de *Defargues*, qu'il a caché sous les noms impropres que l'on trouve dans le Livre de la *Coupe des Pierres* de son disciple *Bosse*, que personne n'avoit pu entendre, comme le dit *la Rue*.

Premiérement, si l'on fait abstraction du rapport qu'une obliquité peut avoir, étant comparée à un plan vertical ou horizontal, on conçoit sans peine qu'elle peut être exprimée par un seul profil, d'un cylindre coupé suivant son axe, par le grand axe de l'ellipse, qui en est la section oblique.

Mais s'il s'agit de comparer ce grand axe à des situations relatives à un plan vertical & à un plan horizontal, il peut arriver que n'étant parallele ni à l'un, ni à l'autre, son inclinaison participera plus ou moins de l'une que de l'autre, & pourra être exprimée sur chacun par une projection, qu'on appellera dans le plan horizontal *biais*, &

dans

dans le vertical *talud* ou *surplomb*, montée
ou *defcente*.

Pour fe débarraffer de l'idée de cette
complication, il faut confidérer une voûte
comme un cylindre mobile coupé obliquement, que l'on tourneroit fur fon axe;
en forte que l'ellipfe de fa fection oblique
prenne différentes fituations à l'égard des
plans horizontaux & verticaux, auxquels
on peut comparer fon grand & petit axe.
Soit A H B I cette ellipfe dont A B eft le
grand axe, qui fait avec celui du cylindre   *Fig. 146.*
CX deux angles inégaux, un obtus ACX
d'un côté, & un aigu BCX de l'autre; le
petit axe IH fera toujours perpendiculaire
à celui du cylindre CX. Si après avoir fuppofé la fection par l'axe A D E B dans un
plan horizontal (dans laquelle fituation ce
cylindre repréfente un berceau *biais*), on
le tourne fur fon axe CX, d'un quart de
révolution de B vers A, la moitié de l'ellipfe HBI prendra la fituation *ibh* où le
demi axe CB s'incline dans un plan vertical fuivant l'angle aigu BCX ou obtus
ICX, qu'il faifoit avec l'axe du cylindre
dans fa premiere fituation horizontale,
appellée *biais*, qui devient dans cette feconde celui d'une face en *talud*.

Si au contraire on avoit tourné le cylindre fur fon axe de A vers B, la moitié de

l'ellipſe **H A I** étant rangée dans un plan
vertical, où étoit **CH** dans la premiere poſition, donnera une face en *ſurplomb*, faiſant avec le plan horizontal l'angle obtus
XCA.

Enfin ſi, au lieu de faire un quart de révolution ſur ſon axe, le cylindre n'en fait
que la moitié, qui eſt de 45 degrés, ou,
ſi l'on veut, plus ou moins, il eſt clair que
dans cette ſituation le grand axe de l'ellipſe ſera incliné au plan horizontal de deux
façons en même temps, ſçavoir en *talud*,
ou en *ſurplomb*, & plus ou moins en *biais*
à l'égard de la direction de l'axe **CX**, ſelon
que le demi-axe **A** *c* ou **BC** s'approchera
ou s'éloignera de l'horizontale **A B**; en
ſorte que s'il vient dans le plan vertical,
le biais s'évanouira, il ne reſtera plus d'o-
bliquité que celle du talud *b c* **X**; ou du
ſurplomb **ACX.**

D'où il ſuit que toutes ces différentes dénominations ne ſont point intrinſeques à
la figure du cylindre, mais relatives à ſa
poſition à l'égard du niveau ou de l'à-plomb
de l'axe & de la face; & qu'il n'y a que
l'obliquité de la ſection elliptique qui ſoit
une qualité permanente, laquelle étant une
fois ſuppoſée d'une ouverture d'angle de
l'axe du cylindre avec celui du grand axe
de l'ellipſe, on connoîtra toujours la plus

que l'on cherche , pour en fimplifier le trait de la coupe des pierres.

Explication démonftrative.

On fera fur *t* C D la perpendiculaire *t* H *Fig.* 147; au point *t* , fur laquelle on portera la longueur T *t* en *t* H , & par le point H , on tirera au centre C la ligne H C , qui formera l'angle H C *t* , qu'on doit confidérer comme compofé des deux différents de biais & de talud.

Car fi l'on fait tourner le triangle rectangle H C *t* fur fon côté *t* C , jufqu'à ce que fon plan foit perpendiculaire à celui du berceau A B E F , & qu'en même tems on faffe tourner auffi le triangle T P *t* fur fon côté T P , les côtés de ces deux triangles T *t* & H *t* , qu'on a fait égaux par la conftruction , fe réuniront en une ligne droite verticalement fur le point *t* , qui eft dans le plan horizontal ; enforte que les fommets T & H étant réunis , il fe formera un triangle en l'air dont la projection eft P *t* C , lequel eft incliné au plan du berceau en H C repréfenté par *t* C ,

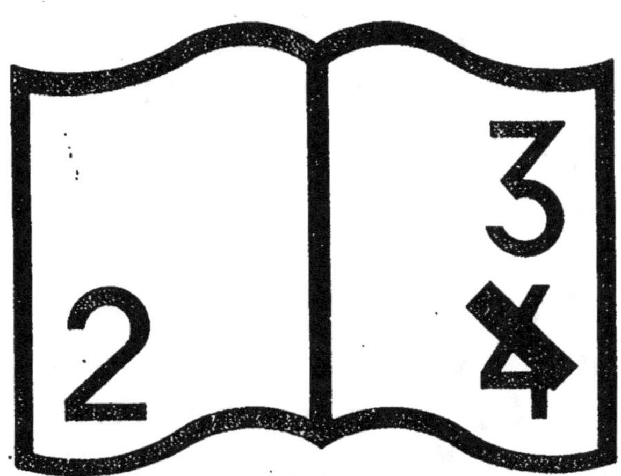

Pagination incorrecte — date incorrecte

NF Z 43-120-12

Fig. 147. pour l'inclinaison du *biais*, & en TP, repréfenté par *t*P, pour celle du *talud* ; d'où il fuit qu'il eft compofé des deux ; ce qu'il falloit trouver, puifque la furface de ce triangle incliné fait partie de la face d'entrée du berceau A S B.

On verra, par ce que nous dirons de l'obliquité des cônes & cylindres fcalenes, que la ligne ID eft celle de la plus grande inclinaifon avec l'axe ; mais on peut en concevoir la raifon, relativement à la conftruction de la figure 147 dont il s'agit, par une fuppofition naturelle & très-fimple, qui eft que fi la ligne ID paffoit plus près ou plus loin des points A & B, il en réfulteroit que les triangles H*t*C & T*t*P ne feroient plus rectangles en *t*, dans les mêmes fuppofitions d'égalité des lignes, faites égales ; par conféquent ils ne feroient plus fufceptibles de la rotation autour des côtés *t*P & *t*C ; enforte que les lignes T*t* & H*t* ne pourroient plus fe réunir en une feule ; auquel cas, le problême ne réfoudroit plus la queftion, qu'il réfout cependant par notre conftruction.

Corollaire

grande obliquité d'un cylindre droit à l'égard du plan de la base désignée par l'angle que font entr'eux ces deux axes différens.

Il n'en est pas de même à l'égard de la base d'un cylindre *scalene* qui est circulaire, où tous les diametres sont égaux entr'eux ; alors le problême se réduit à chercher un diametre de cette base, qui soit plus incliné que tout autre à l'axe oblique du cylindre, c'est-à-dire, qui fasse avec cet axe un angle plus aigu qu'aucun autre de ceux qu'on peut tirer par le centre du cercle ; ce que l'on trouvera par la maniere suivante.

Soit A B F E le plan horizontal d'un *Fig. 147.* berceau à double obliquité de *biais* & de *talud*, dont l'élévation du ceintre de face soit l'arc A S B, d'une courbe quelconque, circulaire ou elliptique ; car on n'y considere que la surface sans s'embarrasser du contour, au centre duquel aboutit un axe C X oblique à la direction de son diametre horizontal A B de ladistance P C.

Fig. 147.　On prendra ſur cet axe, à volonté, un point X, d’où l’on abaiſſera ſur A B la perpendiculaire X P, qui coupera ce diametre au point P, lequel ſera pris pour y déterminér le ſommet de l’angle du talud, donné par l’inclinaiſon de la ligne de ſon profil T P, faiſant avec ce diametre A B l’angle T P A ou ſon complément T P X; on prendra ſur cette même T P une longueur P T, égale à P X, & par le point T, on tirera T *t* parallele au diametre A B; parconſéquent perpendiculaire ſur X P qu’elle coupera au point *t*, par lequel & par le centre C, on tirera la ligne *t* C D, qu’on prolongera vers I, faiſant I C égal à C D, le diametre I D ſera celui que l’on cherche, qui forme avec l’axe C X l’angle de la plus grande obliquité du côté de D, & de la plus petite du côté de I, ſon oppoſé; ce que Deſargues appelloit la *ſous-eſſieu* (comme l’on dit en une autre rencontre la ſous-tangente), laquelle I D détermine la réunion des deux obliquités de biais & de talud,

COROLLAIRE I.

De la connoiſſance de cet angle de plus grande obliquité HC*t*, il réſulte qu'on peut faire le profil d'un berceau affecté de deux & même de trois obliquités, comme de *biais*, de *talud*, & de *deſcente*, auſſi facilement que s'il n'en avoit qu'une, en tranſpoſant ſeulement les lignes horizontales & verticales à l'égard de la poſition relative des axes ou des impoſtes, & des diametres principaux.

Il eſt, par exemple, évident qu'une deſcente droite, dont le profil eſt le parallélo- *Fig.* 148. gramme H*h*PR dans un plan vertical, peut être conſidérée comme la moitié du parallélogramme par l'axe RP d'un berceau ſimplement biais H*h*LK, poſé horizontalement ſans aucune altération de ſa figure intrinſeque, l'arc droit OI reſtant toujours le même en O*i*.

Il n'eſt pas moins évident que le même profil du berceau en deſcente H*h*PR peut être couché tout entier ſur l'horizontale PA prolongée, en tournant ſur ſon point P immobile, où il prendra la ſituation STP*r*, qui ſera alors le profil d'un berceau de niveau de même figure & grandeur, mais dont la face HR, qui étoit verticale, devient en ſurplomb en S*r*, ſui-

vant l'angle S*rq* égal à HRQ, l'angle
HRP, fon fupplément à deux droits, ayant
été tranfporté en S*r*P, fans aucune altération ; par la même raifon, la face *h* P du
bout inférieur de la defcente eft devenu en
talud en T P, fuivant l'angle TP égal à
S*rq* de l'autre bout, fans aucune altération intrinfeque, que dans fa projection
horizontale, qui étoit ci-devant un parallélogramme rectiligne 1. 2. 4. 5, & qui eft
devenu mixte, terminé par deux demi-el-
lipfes, l'une concave 2. 3. 4, l'autre convexe 1. 6. 5.

Si à ces différences de pofition on ajoute
celle du mouvement du cylindre autour de
fon axe, qui formera en même-tems du
biais & du talud. On retombera dans le
cas de la réduction des deux obliquités en
une, dont nous venons de parler.

Fig. 149.   La différence qui en réfulte pour la
pratique, c'eft qu'au lieu de prendre la bafe
horizontale de la face donnée pour celle do
la projection des divifions du ceintre en
fes vouffoirs, on prendra le diametre trouvé
par notre opération, marqué D I, fur lequel on abaiffera des perpendiculaires par
les points de ces divifions, ajoutant au deffous de la bafe A B l'arc B D égal à A D ;
ainfi pour faire la projection des impoftes
A & B, on menera fur le diametre D I les

perpendiculaires A *a*, B *b* qui donneront
sur D I les points *a* & *b*, lesquels ne seront
plus aux extrêmités du diametre de la base
comme ils étoient auparavant.

Pour le concevoir, il n'y a qu'à relever
par la pensée les arcs D A & B I, perpendiculairement sur le diametre A B du plan
horizontal, ou, si l'on veut encore, (suivant le cas) considéré comme vertical ;
car l'un donne la descente, l'autre le biais
horizontal, & alors le point A tombera
en *a*, & B en *b* ; & le rayon A C perpendiculaire à l'axe C X, se réduit à un demi-
diametre *a* C plus court que A C.

D'où il suit, que si l'on tire D N parallele à C X, la section cylindrique D C X N
sera plus étroite que C A C X, & sera biaise
suivant l'angle D C X, au lieu que la précédente A C X étoit directe, c'est-à-dire à
angle droit sur son axe, quoique dans le
même cylindre scalene : car nous avons
dit que la section par l'axe dans un plan
perpendiculaire à celui de la plus grande
obliquité est la plus large de toutes, & à
angle droit sur le diametre de la base du
cylindre scalene, qui croise perpendiculairement celui de la plus grande obliquité :
cependant tous ces diametres de la base doivent être égaux entr'eux, puisqu'on suppose
le cylindre scalene : donc le diametre D I

fera celui de la plus grande obliquité, fur lequel la longueur *a b* repréfente celui de nulle obliquité, quoique raccourci par la projection.

Cependant il eft clair que fi par ces points *a* & *b* on mene des paralleles à l'axe C H, comme *a* N, *b* M, on retombera dans le cas ordinaire de la pratique de la fig. 147, fuppofant l'angle A R P de la fig. 148 égal à D C H de la précédente, foit que l'on réduife les deux obliquités au fimple *biais* de niveau, ou à la fimple defcente; ce qui revient au même, en fuppofant le côté de l'impofte à la clef, c'eft-à-dire le profil pour le plan horizontal.

COROLLAIRE II.

Fig. 147.   Puifque cette conftruction change l'angle X C A du premier *biais* en celui de D C F de la réduction, ou H C *a* de la fig. 149; la direction du côté A G fuit le même fort, étant tranfportée en *a* N, & les perpendiculaires au diametre D I, *a* A & *b* B, exprimeront les parties du demi-diametre de l'arc *droit*, paffant par les joints de lit des impoftes. Il en fera de même pour tous les autres joints de lit; ce qui fait voir comment on peut revenir à la pratique du profil, expliqué à la fig. 141; ce qui eft expofé fort au long au 4ᵉ Livre

de ma Stéréotomie, page 191 de l'édition
de Strasbourg, chap. 5.

COROLLAIRE III.

Il suit aussi de la même réduction, que
si le diametre A B, qui étoit premiérement considéré comme horizontal, quoique dans un plan incliné, suivant sa longueur, est supposé dans un plan vertical,
le diametre D I sera incliné à l'horizon,
& réciproquement, si celui-ci est supposé
horizontal, le diametre A B sera incliné,
& la perpendiculaire H C au milieu de
D I sera une verticale perpendiculaire à l'extrêmité de l'axe horizontal X C, quoique
tous les autres diametres possibles lui soient
inclinés ; d'où il suit que quelque biaise
que soit la voûte, il y aura toujours une
tête de lit sans biais, & parfaitement à
l'équerre, comme on va l'expliquer ci-après.

COROLLAIRE IV.

Il suit aussi que tous les angles des têtes
des lits des voussoirs, compris entre *m* &
D, seront obtus à la doële, & entre *m* &
I seront aigus plus ou moins, selon qu'ils
approcheront des extrêmités D ou I ; ce
qui doit s'entendre aussi des côtés opposés
au dessous du diametre D I, parce que les
côtés des cylindres étant paralleles à leurs

Fig. 150.

axes, l'angle de chacun de ces côtés, avec
un diametre donné, est égal à celui que
fait l'axe avec ce même diametre, lequel
étant oblique, fait d'un côté un angle aigu
XCI, & de l'autre un angle obtus XCD.

COROLLAIRE V.

Puisque les angles que l'axe fait avec
chacun des diametres du cercle de la base
du cylindre, considéré comme la face d'un
berceau biais, sont tous inégaux, il suit
qu'on peut faire une infinité de profils différens d'un cylindre scalené, dans lesquels
il paroîtra plus ou moins incliné au diametre de la base, depuis celui de la grande
obliquité, jusqu'à celui qui lui est perpendiculaire au quart de la circonference,
lequel est celui de nulle obliquité m C; ensorte que le parallélogramme de la section
longitudinale par l'axe & ce dernier demi-
diametre C m est rectangle; & alors ce profil est à l'équerre, comme si le berceau étoit
droit, sans aucun *biais* de direction à l'é-
gard de la face.

Mais la section transversale, perpendiculaire à ce parallélogramme, est une ellipse, dont le petit axe est RI, qui est le
diametre de l'arc *droit*, & dont le grand
axe est le double de CM = DI; par conséquent plus grand que celui de *l'arc droit*,

dans le rapport du plus ou moins de biais
de l'axe à l'égard de la face du berceau ;
d'où il réfulte que fon ceintre circulaire
fur la face eft furmonté à la doële de plus
en plus, jufqu'à ce qu'il ait pris la direction perpendiculaire à l'axe, ou fon diametre à l'impofte eft le plus court de tous ;
ce qui fait voir la diverfité des profils que
l'on peut faire d'une même voûte, fuivant
la ligne de fection, par laquelle on la fuppofe coupée, & pourquoi, fuivant les regles
de projection horizontale des points ex-
trêmes A & B d'un diametre en *a* & *b*
d'un autre qui lui eft incliné, le berceau
fe refferre à l'impofte des quantités D *a*
& I *b* ; enforte que fa longueur fe réduit à
l'intervalle perpendiculaire *ab*, entre les
deux directions de fa naiffance égale à R I.

Différentes dénominations des voûtes cylin-
driques.

L'ufage de cette obfervation eft développé au 2ᵉ tome de ma Stéréotomie, ch. 5
du Livre IV, page 191 & fuivantes, cité ci-
devant, & appliqué à la pratique de toutes
les obliquités poffibles, réduites en une
feule, quoique de huit dénominations différentes, fçavoir, deux inclinaifons oppofées de la face, à l'égard d'un axe horizontal, l'une en *talud*, l'autre en *furplomb* ;

deux de l'axe à l'égard d'une face verticale de *montée* & de *descente*, deux de face en talud à l'égard d'un axe incliné, *talud & descente*, *talud & montée*, deux de face en surplomb à l'égard d'un axe de pareille situation. La même réduction des obliquités triples se peut faire, en réduisant deux en une; & celle-ci avec la troisieme, *biais en descente & en talud*, ou *en surplomb*.

Des profils des voûtes coniques.

Puisque les joints de lit des voûtes coniques, qui sont aux côtés du cône, sont tous inclinés à l'horizon, excepté ceux des impostes, qui le sont aussi fort souvent; il est clair, par ce que nous avons dit ci-devant des projections, que ni l'horizontale ni la verticale ne peuvent en exprimer les mesures; mais les deux, jointes ensemble, fournissent les moyens de les trouver par une espece de trigonométrie, de triangles rectangles; dont elles sont les côtés, & les joints de lit leurs hypoténuses.

D'où il suit qu'il faut autant de profils particuliers qu'il y a de joints de lit, au moins d'un côté de la clef, qui peuvent être répétés de l'autre, si la direction du cône est perpendiculaire sur le diametre horizontal de la face, si les divisions en

Fig. 137

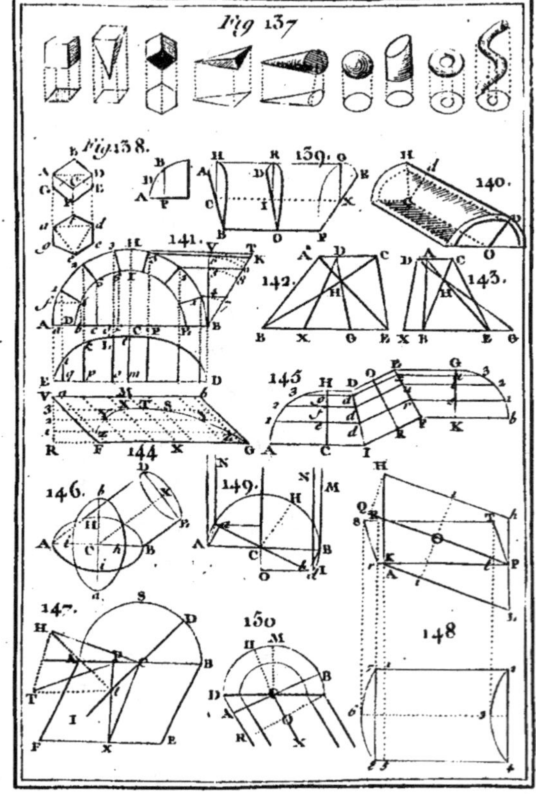

voussoirs sont symmétrisées, ou égales entr'elles de part & d'autre ; les voûtes de cette figure s'appellent *trompes coniques droites.*

Soit AHB le ceintre de face d'une trompe ou voûte conique, on fera la projection horizontale des divisions de ses voussoirs, comme nous l'avons dit des faces cylindriques, sur le diametre de leur ceintre ; puis ayant élevé une perpendiculaire sur son milieu C, prolongée de part & d'autre, & déterminé la profondeur de la trompe en S, on tirera les lignes S A, S B, qui en acheveront le plan horizontal aux impostes, en y ajoutant l'épaisseur par des lignes doubles paralleles à la distance donnée, comme *a s*, *s b*. La même chose s'observera pour exprimer la doële & l'extrados du ceintre de face, dont on tirera les joints de tête au moins d'un côté de la clef, dirigés au ceintre C, comme 4. 1, 5 . 2, 6 . 3, H *h*, milieu de la clef.

Pour faire le profil de cette voûte en projection géométrique, il faudroit tirer par les points 1, 2, 3, des horizontales 1 *e*, 2 *f*, 3 *g*; & de ces points mener au point *b*, supposant C *b* = *c s*, des lignes droites *e b*, *f b*, *g b*: mais aucune de ces lignes ne seroit dans sa véritable mesure, parce que toutes ces lignes étant projettées fur un vertical, ne font pas parallèles aux joints de lit de la trompe, qui lui font tous inclinés & différemment ; ainfi elles font toutes raccourcies & inégalement, puifqu'elles font toutes inégales ; & cependant fi la voûte eft droite, c'eft-à-dire, que fon axe CS foit perpendiculaire à la face AHB, toutes ces lignes de joints de lit à la doële font égales à $s\,b$; car le cône étant droit, le trapeze $s\,S$, $b\,B$ tournant fur fon côté $s\,S$, partie de l'axe SC, doit décrire en l'air le cône creux ASB.

D'où il fuit que ce trapeze eft le profil général de tous les lits de la trompe dans leur jufte mefure : mais fi cette trompe étoit *biaife*, ou en talud, il faudroit que ce profil en trapeze fût continuellement raccourci à chaque lit, & les angles de la tête en b & B changeroient auffi continuellement ; de forte qu'il faudra un profil pour chacun, qui peut être placé où on le jugera à propos féparément, ou raffemblé fur une même ligne horizontale ou verticale, alongée ou raccourcie fuivant le befoin.

Faire

Faire le profil des divisions d'un cône scalene, **Fig. 15.**
(en termes de l'Art) d'une trompe biaise
ou en talud, *ou qui soit l'un & l'autre.*

Nous avons dit ci-devant qu'à l'excep-
tion de la trompe droite, comme la précédente, il falloit un profil pour chaque
joint de lit, soit à la doële, soit à l'extrados, parce qu'ils étoient tous inégaux, &
inégalement inclinés à l'horizon; & qu'il
étoit indifférent de les ranger séparément,
comme l'on voudroit; cependant comme
il faut en chercher la valeur par le moyen
de la projection horizontale, on peut faire
servir celle du plan pour un des côtés du
triangle rectangle, dont cette valeur doit
être l'hypoténuse; ainsi ayant fait le plan
horizontal A S D, comme dans le cas
précédent, où les projections horizontales
des joints de lit sont *ns*, provenant de
la division 1, *os* de la division 2, & *ps*
du joint 3; on portera sur *ns* la hauteur
n 1 de l'à-plomb quarrément, c'est-à-dire
perpendiculairement à la projection *ns*,
en *n* 5; *o* 2 sur *os* en *o* 6; *p* 3 sur *ps* en
p 7, & par ces points 6, 7 ayant tiré les
lignes 5 *s*, 6 *s*, 7 *s*, on aura les valeurs des
joints de lit dont on n'avoit que les projections, qui étoient plus courtes parce

qu'elles n'étoient pas parallèles aux véritables joints.

On en usera de même pour le reste de la moitié H D, & si l'on veut éviter la confusion qui se trouve dans les lignes des projections de l'autre côté, on peut les ranger toutes sur une même ligne *s d* par des arcs de cercle tirés du point *s* pour centre, comme *s q* en *s v*, & portant perpendiculairement *v* la retombée *q 4*, on aura un point *7*, d'où tirant *7s*, on aura la valeur de la projection *qs*, ainsi des autres.

Il y a encore une autre maniere de placer ces profils, en faisant servir les angles droits des à-plomb avec le diametre horizontal A D, qu'on ne fera que prolonger, par exemple, pour avoir la valeur de la projection *ps* du troisieme joint de lit, il n'y a qu'à porter cette projection *p*S en *p*P sur DA, prolongé en P, s'il le faut; la ligne P*3* sera le profil & la valeur de la projection *ps* du troisieme joint de lit: cette maniere est encore la mieux désignée & la moins confuse.

Ces opérations n'ont pas besoin de démonstration, puisqu'elles se réduisent toutes à faire des triangles rectangles, dont on a deux côtés donnés, sçavoir, la projection horizontale & la hauteur, & dont l'hypoténuse est la longueur demandée.

PROBLEME.

Réduire les doubles & même les triples obliquités d'une voûte conique en une seule pour en faire les profils avec plus de facilité.

Soit, par exemple, une trompe ASB *Fig. 153.* de face biaise AB fur la direction horizontale de fon axe SC, & inclinée à l'horizon par un talud donné, ou, fi l'on veut encore, dont la direction de l'axe foit inclinée en defcente ou en montée. Il s'agit, 1°. de trouver le diametre de la face ou bafe du cône, fur lequel fon axe eft le plus incliné, & par conféquent auffi celui fur lequel la fection par l'axe n'eft point oblique, dont le plan eft perpendiculaire à celui de la plus grande obliquité.

Soit le cercle AEBF la bafe d'un cône entier, dont AB eft le diametre horizontal du cercle, dont le plan eft incliné à l'horizon, fuivant un angle donné *e* AH en talud, & auquel la direction de fon axe SC eft oblique fuivant l'angle donné SCA: fi l'on tire du fommet S du cône fcalene ASB une perpendiculaire SG fur AB, la ligne GC exprimera l'obliquité de l'axe à l'égard de la bafe, c'eft-à-dire de la direction de la trompe à l'égard de fa face, qui eft le *biais* de l'angle SCA, & la premiere obliquité.

G ij

La seconde est celle du talud de cette face inclinée à l'horizon, suivant l'angle H A e, faisant H A = C E, on portera P H en A T perpendiculairement à A B, & l'on tirera par le centre C la ligne T I, qui donnera la position du diametre D I de la plus grande obliquité de l'axe sur le plan de la face, auquel si on fait la ligne K L perpendiculaire, le diametre K L sera au contraire celui sur lequel le plan d'une section par l'axe, ne donnera aucun biais de l'axe avec ce diametre, auquel il sera perpendiculaire, quoiqu'il ne le soit pas au plan de la face.

Cette préparation étant faite, on peut trouver les profils de toutes les différentes longueurs des côtés du cône, c'est-à-dire de tous les joints de lit de la trompe, sans avoir recours à aucune autre projection.

Ayant fait T P perpendiculaire sur T I, & égale à la hauteur du cône, exprimée par S G, qui donnera sur T P le point P pour le même sommet (qu'on tourne ici en sens contraire, pour éviter la confusion des lignes dans la figure), on tirera de ce point P les lignes P D, P I, qui seront l'une le plus grand P I, l'autre P D, le plus petit côté dans leur juste longueur, étant ceux de la section par l'axe P D I.

Présentement pour avoir les mesures

des côtés intermédiaires qui doivent aboutir à des points donnés à la circonférence de la baſe, 1, 2, 3, K, &c. qui ſeront, ſi l'on veut, ceux des diviſions des vouſſoirs de la trompe, on prendra avec le compas les diſtances T1, T2, T3, TK, &c. & on les portera ſur le diametre D I, de T en o1, o2, o3, oK, &c; ce qui eſt déſigné dans la figure par des arcs de cercle o1, o2, o3, ok. Si du point P on tire des lignes à tous ces points marqués ſur D I, les lignes Po1, Po2, Po3, Pok ſeront les juſtes longueurs des joints de lit de la trompe conique, biaiſe & en talud.

Si l'on ſuppoſe encore une troiſieme obliquité d'axe en deſcente ou en montée, il faut ajouter à l'angle du talud celui de la deſcente ou montée pour n'en faire qu'une obliquité ; & dans l'exécution, l'une des deux étant donnée par le niveau; l'autre ſe trouvera en place à l'égard de l'horizon.

DÉMONSTRATION.

Il faut premiérement prouver que le plan paſſant par l'axe & par D I, donne le plus grand & le plus petit de tous les côtés du cône de toutes les ſections poſſibles par d'autres diametres, & par le même axe, par exemple ſur A B.

Dans les triangles rectangles CGS, CTP qui ont un côté GS = TP, le côté CT étant plus grand que CG, de même que CA = CD plus petit que TC, sera aussi opposé à un plus grand angle TPC : donc l'angle TPC est plus grand que l'angle GSC, & par conséquent le troisieme angle TCP ou DCP est plus petit que l'angle GCS, c'est-à-dire de plus grande obliquité de l'axe sur la base du cône. Il est évident qu'il en sera de même de tous les profils faits sur les autres diametres. C. Q. F. D.

La seconde partie concernant l'exactitude de la construction qui donne les côtés du cône, transportés sur le triangle par l'axe PDI dans leurs véritables longueurs est évidente, parce qu'on a fait des triangles rectangles, qui ont pour côté commun TP, & pour bases les longueurs égales aux distances de ce point T à tous les points de la circonférence donnée, 1, 2, 3, K, le point P devant être considéré comme étant en l'air au bout de la ligne TP perpendiculaire au plan du papier.

On verra au 4e Livre de ma Stéréotomie l'usage de ce problême dans la pratique des traits des voûtes coniques, & combien elle en facilite l'exécution.

Remarque sur les profils des épures.

La multiplicité des lignes qui embrouillent & portent une espece de confusion dans les *traits* de la coupe des pierres, vient principalement des profils qu'on assemble quelquefois sur un côté commun, ou sur un même plan, quoiqu'ils doivent être séparés. Souvent aussi pour faire voir les origines de ces profils à l'égard du plan horizontal, on trace des arcs de cercles inutiles, qui ne servent qu'à indiquer la relation de l'un à l'autre, comme on voit dans la figure, où l'on a marqué des mêmes lettres & chiffres les points du plan horizontal, répétés au profil sur un vertical, à quoi il faut faire attention pour se débarrasser de ces accessoires hors d'œuvre qu'on trouve dans la plûpart des Livres, où l'Auteur s'en est servi pour se rendre plus intelligible. Nous allons finir ce chapitre des profils par un problême de pratique pour lever ceux des ouvrages existans, dont les contours sont courbes & irréguliers.

PROBLEME DE PRATIQUE.

Tracer sur un plan un contour semblable & égal à celui d'un corps saillant de figure quelconque, supposé coupé par ce plan de description (en termes de l'Art) lever un profil d'un ouvrage existant en saillie.

G iv

Soit un morceau d'architecture ou de sculpture en relief, par exemple, un *roson* dans une voûte, auquel il en faut faire un égal.

On placera le carton ou la planche sur laquelle on veut tracer le profil au dessous de l'original à plomb ou de niveau, suivant ce qu'exige sa position, & d'une largeur à pouvoir y tracer sa plus grande saillie; puis ayant mis un crayon C dans une regle R L à cette distance, on l'appuyera contre un des bras d'une équerre I H K que l'on fera couler sur le côté droit G H de la planche F N, en appuyant, poussant, & reculant le bout A de la regle sur le contour N B D. Le crayon C, par ce mouvement, en tracera un semblable & égal sur le carton ou la planche, en *an bd*. C. Q. F. F.

Cette opération n'a pas besoin de démonstration, puisque la ligne A L est partout un intervalle égal entre les deux contours, & mu parallelement à lui-même, & de plus perpendiculaire à la même ligne G M, par la transposition de l'équerre, coulant sur cette ligne & le côté H I.

S'il se rencontre quelque renfoncement horizontal, comme en P R, auquel la regle A ne peut atteindre, il faut le mesurer à part, & le transporter quarrément sur

une ligne R*r* à la distance où il doit être
du bout A.

USAGE.

Ce problême est d'un fréquent usage en
architecture, lorsqu'il s'agit de continuer
ou réparer des anciens édifices, où il faut
raccorder du vieux avec du neuf, & copier des contours en symmétrie. Faute de
cette pratique, on perd beaucoup de tems
à tâtonner, sans pouvoir réussir aussi parfaitement.

De l'élévation.

La seconde espece d'ortographie, dont
nous avons à parler, est celle qu'on appelle,
en terme de l'Art, *l'élévation*, qui est la
projection verticale d'un corps, vu par ses
dehors, au lieu que le profil est une section d'un plan passant par son intérieur.

D'où il suit, comme dans toute autre
projection, qu'on ne peut y exprimer les
mesures d'une surface, qui n'est pas parallele au plan de description, quand même
elle seroit plane, à plus forte raison lorsqu'elle est courbe, concave, ou convexe ;
de sorte qu'on ne peut faire une élévation d'une porte en tour ronde, que pour y
prendre des mesures verticales ; si elle est
à plomb, les horizontales étant *courbes*,
concaves, si elle est en tour *creuse & con-*

yexe, si elle est en tour *ronde*, sont raccourcies dans leur contour, non pas en
proportion uniforme, mais relativement
aux déviations des cordes, plus ou moins
inclinées au plan vertical de la description.

Par la même raison, on ne peut faire
l'élévation d'une sphere qui puisse donner
d'autres mesures que celles des diametres
& contour du cercle majeur ou mineur,
qui proviendroit d'une section parallele au
plan de description.

Ainsi il est visible qu'une élévation d'un
escalier à vis découvert, comme celui d'une
chaire de Prédicateur, ne peut être qu'une
image imparfaite, de laquelle on ne peut
tirer de mesures que celles des hauteurs
des marches & rampes, leurs largeurs horizontales étant toutes raccourcies & dé-
figurées. Nous ferons cependant voir que
cette sorte de représentation a son usage
pour la coupe des pierres.

De l'élévation en coupe & en profil.

On entend ordinairement par le mot
de *profil*, la section transversale d'un édi-
fice ou d'une voûte, & par le mot de
coupe, une section longitudinale faite pour
en montrer les dedans, qu'on fait paroître
par leur élévation, où l'on en exprime les

parties : ainsi la coupe d'une maison est la représentation de ce que l'on verroit, si le mur de face étoit abattu. Celle d'une voûte en montre les pieds droits, les naissances, les lunettes, & les enfourchemens de celles qui les traversent, au lieu que son profil montre le contour de son ceintre, l'épaisseur de ses pieds droits, de ses reins, & de sa maçonnerie ; de sorte que l'une & l'autre de ces représentations ont leur utilité, & qu'elles sont même absolument nécessaires toutes ensemble, lorsque le corps projetté est irrégulier, comme on va le montrer.

Des moyens de représenter, par toutes sortes de descriptions, les corps de figures irrégulieres.

Il y a deux sortes d'irrégularités dans les voûtes, l'une dans leurs contours de faces, qui ne sont d'aucune courbe réguliere, mais de quelque courbe ondée ou de fantaisie, comme celle de la conique, appellée *trompe d'Anet* ; l'autre consiste dans la courbure de leurs surfaces, qui ne sont ni cylindriques ni coniques, ni sphériques, mais qui participent plus ou moins des unes ou des autres ; telles sont ces petites voûtes, qu'on appelles *arriere-voussures de Marseille, de Saint Antoine,* &c.

Le moyen le plus facile de désigner &
de déterminer ces irrégularités avec art,
est de les *inscrire* ou *circonscrire* à des corps
réguliers, dont les contours & les surfaces
peuvent leur fixer des bornes, & en mesurer la différence par le moyen de plusieurs points, qu'on peut autant multiplier
qu'on le juge à propos, suivant la précision à laquelle on veut parvenir : un exemple en fera voir sensiblement la commodité & la justesse.

Soit ABDEGF le plan horizontal
d'une porte sur le coin rectiligne ABD,
extérieurement & concave en tour creuse
dans l'angle intérieur FGE, comme on
en voit quelquefois, par la disposition &
sujettion des lieux qui ne permettent pas
qu'on pratique ailleurs une porte : on verra
que par le moyen de la circonscription, &
des plan, profil, & coupe, on se débarrasse
des difficultés & des irrégularités appa-
rentes.

J'inscrits donc cette figure de plan horizontal mixte, composée de lignes droites
& courbes dans le parallélogramme rectangle IFEK ; & ayant déterminé le ceintre primitif IHK égal à l'arc droit, dont
le diametre est DR ; j'opere sur cette porte
comme si elle étoit en plein ceintre ordinaire ; ensuite j'en retranche l'excédent de

la circonfcription B D K, d'un côté, B A I de l'autre, fuivant une fection plane qui forme dans chaque côté un quart d'ellipfe qui pourroit avoir quelque différence de contour plus ou moins arrondi, fi la diagonale B G ne partageoit pas également en deux l'angle D B A.

Enfuite, je retrancherai par une fection concave circulaire F G E, dirigée perpendiculairement à l'horizon le fegment horizontal E G F, dont le creux rencontrant celui du ceintre circulaire du vuide du berceau de la porte, formera, fans fcience, comme par hazard, l'arête de cette courbure à double courbure Q g, que nous avons appellé *cycloimbre*, dans le contour de ces deux portions de cylindre qui fe croifent, fçavoir l'horizontal du paffage de la porte, & le vertical de l'arrondiffement, pratiqué dans l'angle rentrant, pour en effacer la difformité.

§. Où l'on voit que toutes les repréfentations de plan I E, profil *hb*, coupe *abgf*, font néceffaires pour exprimer chacune en particulier, ce qui n'a pu être exprimé dans les autres.

La coupe *bgfa* exprime la faillie du *porte-à-faux* de la clef *b* fur l'impofte *a*, d'une maniere très-différente. Le profil I H K donne l'arc droit & fes divifions, fa

moitié P *h*, en situation verticale, donné
les hauteurs de ses joints de lit pour les
marquer dans la coupe, & y déterminer
la hauteur de la lunette : ainsi l'on voit
que ce n'est que par le concours de toutes
ces représentations qu'on parvient aux
mesures, & à une connoissance parfaite
de ce qu'on a à faire. Nous ne faisons
point d'élévation en face, ni devant ni
derriere, parce que le plan de description
ne pouvant être parallele aux surfaces de
l'objet anguleux, en angle saillant par dehors, & concave à la face intérieure, on
ne pourroit en tirer aucune mesure horizontale, mais seulement les verticales, qui
sont déja exprimées dans le profil , & dans
la coupe de la voûte par son milieu à la
clef.

Il faut observer que le moyen dont nous
nous servons ici, par circonscription, appellé en terme de l'art, *par équarrissement*,
occasionne la perte de pierre de toute la
partie distinguée au plan , par une hachure, & que l'on pourroit l'épargner , en
opérant, comme si l'on faisoit deux moitiés de portes biaises de différentes directions d'obliquité ; mais on peut diminuer
cette perte, en se reculant quarrément à
chaque tête de voussoir, comme si au lieu
de retrancher le trapeze LIDK, on se re-

culoit en I *k* ; car alors on ne perdroit que le triangle I *k* D , qu'on ne peut guere épargner.

Par le moyen de l'inſcription ou circonſcription dont nous parlons, on apperçoit comment on peut éluder la difficulté de la trompe d'*Anet* , dont la face eſt ondée d'une courbure irréguliere, meſurée horizontalement: on a mis ici ſeulement une moitié du plan , c'eſt-à-dire de la projection horizontale ſans rampe, à laquelle on a circonſcrit un quart de cercle , qui peut auſſi ſervir de ceintre primitif, en le ſuppoſant en ſituation verticale , ſuivant la ligne *a h* du profil, au lieu d'un quart de cercle on pouvoit y tracer un quart de polygone ; ce qui peut ſuffire préſentement pour montrer comment on peut exécuter des courbes à double courbure par l'inſcription , en ajoutant les diſtances des points excédens la ligne d'inſcription , ou en retranchant celles des contours de circonſcription.

CHAPITRE II.

De la suppofition des furfaces planes, ap- pliquées fur les courbes, pour parvenir à imiter exactement leur concavité ou con- vexité (en terme de l'Art) pour les voûtes des doëles plates.

CE que nous venons de dire de la cir- confcription de contours irréguliers par des figures régulieres, foit courbes, com- me le cercle & l'ellipfe, foit de rectilignes, comme des polygones, ne peut fervir que pour des contours, dont on ne peut con- noître les courbures, qu'en les comparant à des lignes droites tournées réciproque- ment en angle droit : telles font les abf- ciffes & les ordonnées.

Il en eft à peu près de même des fur- faces courbes à l'égard des planes : celles- ci font néceffaires pour mefurer la pro- fondeur des concavités ou l'éloignement des convexités, par des perpendiculaires à une furface plane, qui leur eft comparée comme un terme fixe, d'où l'on doit comp- ter ces mefures d'enfoncement ou d'éléva- tion, en autant d'endroits qu'on le juge néceffaire, & particuliérement aux angles

qu'une

qu’une furface courbe fait avec des planes,
ou d’autres courbes qui en terminent les
extrêmités.

Cet artifice eſt néceſſaire, non feulement pour former des furfaces irrégulieres,
mais encore pour les régulieres dans la
coupe des pierres, en ce qu’elle fournit la
juſte poſition des angles mixtes, & des
arêtes des vouſſoirs ſur une furface plane
faite exprès, qu’on appelle *doële plate*, au
devant d’une qu’on doit creufer au deffous en portion de cylindre ou de cône,
laquelle doit paſſer par les cordes des arcs
de leur concavité dans les têtes oppoſées
des vouſſoirs : cette furface plane préparatoire eſt le plus fouvent un parallélogramme, quelquefois un trapeze, qui détermine la poſition des quatre angles dans un
plan exact ; car s’il n’y en a que trois, &
que le quattrieme foit plus enfoncé ou plus
elevé, la furface eſt appellée *gauche* ; ce
qui ne doit point arriver, lorfque les joints
de lit des vouſſoirs de voûtes coniques ou
cylindriques font (comme ils doivent être)
paralleles à l’axe du cylindre, ou fuivant
la fection plane par l’axe d’un cône, fi la
voûte eſt conique.

Cette fuppofition d’une furface plane,
pour y placer les quatre angles d’un vouffoir, eſt encore applicable aux voûtes fphé-

riques, parce que la sphere étant coupée par lits, perpendiculairement à son axe, donne des cercles paralleles, lesquels étant recoupés & croisés par des sections, suivant l'axe, donnent des portions de surfaces concaves, dont les cordes sont aussi paralleles entr'elles, comme celles des cônes tronqués, droits sur leurs bases; telles sont toutes les portions de sphere coupées par des paralleles à l'équateur, & recoupées par des méridiens; les cordes opposées, tirées de leur quatre angles, forment un trapeze en surface plane; par conséquent un voussoir auquel on peut adapter un panneau de doële plate préparatoire, terminée par deux cordes égales, suivant la section du méridien, & deux inégales sur les cercles paralleles à l'équateur.

Ce que nous disons ici de la sphere peut s'appliquer aussi au sphéroïde régulier, formé par la révolution d'une demi-ellipse sur son grand, ou son petit axe, mais non pas d'un ellipsoïde, dont l'équateur & les méridiens sont des ellipses : les portions quadrilateres, coupées par des plans perpendiculaires à l'axe, & recoupées par d'autres, suivant l'axe, sont *gauches*, c'est-à-dire qu'elles n'ont pas leur quatre angles dans un plan, mais seulement trois; le quatrieme est au dessus ou au dessous d'une furface plane, qu'on peut toujours faire pafler par trois points donnés : car on fçait, par les élémens de la Géométrie, que les trois angles d'un triangle font néceffairement dans un même plan.

D'où il fuit que les doëles plates ne peuvent fervir de préparation à toutes fortes de voufloirs quadrilateres, à moins qu'on ne les réduife en triangles, dont les furfaces feront entr'elles un angle fur la diagonale, plus ou moins obtus, fuivant le plus ou moins d'écartement du quatrieme angle, que la furface plane ne peut toucher, lorfque la doële eft *gauche*.

Le fecond ufage des doëles plates eft que par cette fuppofition on forme plus exactement les angles mixtes des furfaces planes des joints montans, & quelquefois auffi des lits avec la courbure des doëles ; ce qu'on ne peut indiquer que par un biveau à branches mixtes, dont la pofition peut faire varier ces angles ; comme nous le dirons dans fon lieu.

De la suppofition des furfaces cylindriques ou coniques de bafe quelconque pour parvenir à la formation d'autres furfaces courbes, terminées par des lignes angulaires à double courbure (en terme de l'Art) des arêtes gauches, courbes en tout fens.

La fuppofition des doëles plates, dont nous venons de parler, qui fert de difpofitif à l'exécution des furfaces courbes, qui font des portions de corps réguliers, terminés par des courbes planes, c'eft-à-dire qui peuvent être décrites fur un plan, devient inutile pour la formation de celles qui font à double courbure, dont nous avons parlé au premier Livre, comme font les *cycloimbres*, *ellipfimbres*, &c. parce que ces lignes étant au fommet des angles d'interfection de deux corps courbes, dont elles terminent les arêtes faillantes, ou les angles rentrans, fuppofent une des deux furfaces courbes, exécutée avant l'autre, foit que cette primitive foit portion d'un cylindre régulier, qui ait pour bafe un arc de cercle ou d'ellipfe; foit que cette bafe foit d'une courbe quelconque, formant un cylindroïde.

Cette rencontre de deux furfaces courbes n'eft pas toujours à double courbure, comme nous l'avons démontré au premier Livre, où l'on a vu que l'interfection de deux cylindres, en certaines circonftances, étoit une ellipfe plane; mais auffi en plufieurs autres, c'eft une ligne courbe à double courbure, qu'on doit décrire fur la furface primitive d'un des deux.

On peut, fi l'on veut, l'y tracer avec art, en cherchant plufieurs points de cette courbe, comme nous l'avons enfeigné au fecond Livre, ou la former *par une efpece de hazard*, fuivant une pratique, qu'on appelle, par *équarriffement*, particuliérement s'il s'agit d'un angle faillant, dont *l'arête* fe forme par la rencontre du fecond cylindre qu'on creufe, fuivant la direction donnée à l'égard du premier: mais lorfque l'angle de rencontre des deux furfaces eft rentrant, ce qu'on appelle en *arc de cloître*, cette maniere eft moins fûre que celle de n'avoir pour guide que la direction du fecond cylindre. Il convient de tracer la courbe à double courbure fur la furface du premier, à laquelle on dirige les joints & côtés du fecond cylindre. Ce que nous difons ici de la rencontre des doëles de deux cylindres, doit s'entendre des coniques entr'elles & avec les cylindriques.

Ce moyen de préparer les vouffoirs à la formation de leurs arêtes, ou angles rentrans, doit être confidéré comme la bafe des *traits* de la coupe des pierres les plus difficiles & les plus compofés : car il arrive des cas où cette premiere excavation cylindrique dans une pierre, ne fert qu'à y trouver une ligne d'arête, parce que ce n'eft pas affez d'une préparation par une furface fuppofée, il en faut quelquefois deux, lorfque les deux furfaces qui doivent fe rencontrer font gauches toutes les deux : il nous fuffit ici de donner un exemple des cas les plus ordinaires.

Nous choifirons pour exemple un vouffoir d'une voûte en berceau *tournant* & *rampant*, foit concave, foit convexe, comme ils le font les uns en deçà, les autres en delà de la clef.

La projection horizontale d'un tel vouffoir eft ordinairement un arc de cercle AB, parce que l'arête VIS de la doële VIS LOD, avec la rencontre du lit fupérieur *a*TSV, eft une efpece de vis formée dans un corps cylindrique, en convexité du côté du milieu C, & en concavité dans fon pied droit oppofé.

Il faut donc commencer par former une portion de furface cylindrique, convexe dans notre exemple AB*ba*, fur laquelle on tracera l'arête du lit & de la doële VIS, comme il a été dit au fecond

Fig. 157.

Livre, & qu'on le voit dans la figure 158 sur une surface concave en ONY; puis ayant creusé au dessous la doële, suivant la grandeur de l'arc de cercle qu'elle doit occuper du ceintre primitif, ou de l'arc droit VID, appuyant toujours la cerche quarrément au dessous de cette hélice : on recoupera aussi suivant l'instrument, appellé *biveau mixte*, le lit de dessus, qui terminera cette portion de doële, suivant la ligne tracée sur le cylindre, qui est l'arête de ces deux surfaces de lit & de doële, pour laquelle seule on a été obligé de faire la portion de surface cylindrique AB*b a*, tout le reste étant abattu, pour former le creux de la doële, & la pente du lit de dessus. Voilà un exemple de supposition forcée d'une surface cylindrique, pour placer exactement, & former une arête, qui est le sommet de l'angle de rencontre d'un lit & d'une doële, d'autant plus indispensable, que cette arête étant une hélice, doit être tracée par l'application d'un triangle rectangle de matiere flexible, comme du carton, du plomb en lame, ou du fer blanc plié, suivant la concavité du cylindre creux, ou la convexité du côté convexe, dont l'hypoténuse, en cette situation (supposant un de ces côtés horizontal ou vertical) servira de regle pour tracer la

portion de courbe en *hélice*, les points S
& V étant donnés de hauteur ; après quoi
toute la surface cylindrique au deſſus & au
deſſous doit être abattue : la raiſon de cette
opération eſt que le développement d'une
hélice eſt une ligne droite, comme nous
le dirons dans le chapitre ſuivant.

CHAPITRE III.

De l'Epipédographie (en terme de l'Art) *du développement.*

LES ſurfaces des pierres qui compoſent
les voûtes ſont preſque toujours en partie
planes, comme les *joints* & les *lits*, & en
partie courbes, comme les doëles ; dans les
voûtes ſphériques, ſphéroïdes & annu-
laires, il n'y a aucune ſurface plane ; les
lits ſont courbes, concaves & convexes al-
ternativement.

Toutes ces ſurfaces ne peuvent être développées, c'eſt-à-dire étendues de toute
leur longueur & largeur ſur un plan.

Il eſt évident que les planes peuvent être
rangées dans l'ordre où elles ſont contiguës ſur les vouſſoirs.

Il eſt auſſi clair que les ſurfaces, qui n'ont
qu'une courbure, comme celles des cônes

& des cylindres, peuvent être déployées
& étendues fur une furface plane ; celle
d'un cylindre en parallélogramme rectangle ou obliquangle, & celle d'un cône en
un triangle mixte, s'il eft complet, ou trans-
formé en un fecteur de cercle, ou en portion de couronne de cercle, fi le cône eft
tronqué, parce que ces deux corps n'ont
de courbure que dans la direction trans-
verfale de leurs axes, la direction parallele à leurs axes étant toujours droite,
comme celle des cônes, depuis leur bafe à
leur fommet dans un plan paffant par leur
axe.

Il n'en eft pas de même des corps ronds,
fuivant deux ou plufieurs directions, comme les fpheres, fphéroïdes, & anneaux ;
ils ne peuvent être développés, quelques
minces & étroites qu'on en puiffe fuppofer
les zones, ou parties de leur contour, quand
même on les réduiroit au cercle, non feulement parce qu'en Géométrie on n'a pas
encore trouvé l'art de faire une ligne droite
égale à la circonférence d'un cercle, mais
encore parce que les fections paralleles à la
circulaire font toutes inégales ; celles qui
approchent le plus du centre font les plus
grandes, & celles qui approchent des pôles
au contraire font les plus petites.

Cependant les Auteurs de la coupe des

pierres, comme le *P. Deran* & autres, ont donné des moyens de développer les affises des vouffoirs des fpheres, mais en les confidérant comme des zones ou portions de furfaces de cônes tronqués, ce qui n'eft pas exact, comme nous le dirons ci-après.

Du développement des corps compris par des furfaces planes.

L'art de développer les furfaces des polyedres eft des plus fimples, puifqu'il ne s'agit que de les ranger de fuite dans toutes leurs mefures.

Cependant il n'eft pas indifférent pour l'appareil des traits des voûtes, d'y obferver un certain arangement fur des côtés communs ou contigus à deux furfaces: enforte qu'étant repliés ils puiffent, fans tranfpofition, envelopper de nouveau le polyedre.

D'où il fuit *qu'on ne doit pas joindre quatre angles droits au même point de leur fommet*, parce que les angles *plans* qui forment un angle *folide* doivent être toujours moindres que quatre droits, ainfi qu'il eft démontré dans les élémens de Géométrie; ce qui fait voir que le développement d'un cube ne peut être fait de fix quarrés égaux en deux bandes contiguës, comme

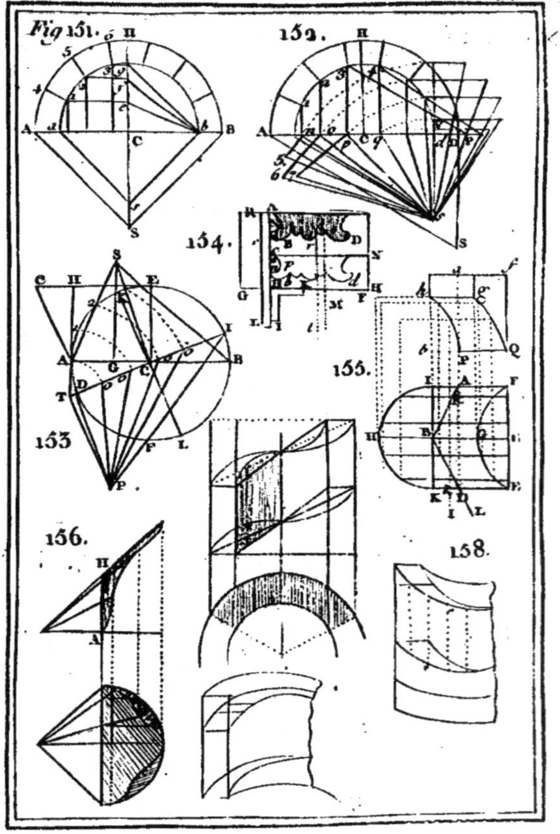

Fig 151.
152.
154.
153.
155.
156.
158.

le veut faire l'Auteur de l'*Essai sur les feux d'artifices*, pour former un cartouche de carton en cube, qui doit servir de boîte à contenir la poudre de cet artifice, qu'on appelle *marron*; il prescrit *un parallélogramme de carton, dont un des côtés est à l'autre, comme trois est à cinq*, nombre d'ailleurs insuffisans pour renforcer chaque face également, car il en faudroit 18 ou 12, l'un pour doubler, l'autre pour tripler l'enveloppe.

Le développement d'un cube n'est susceptible que de deux façons, sçavoir en croix latine de quatre quarrés sur la tige, & de deux ajoutés de part & d'autre pour la croisée, ou en façon de *T*. *Fig.* 159. *Fig.* 160.

Le Tétraedre, qui est le premier des corps solides, composé de quatre surfaces de triangles équilatéraux, peut être arrangé de deux manieres différentes, en triangle, comme à la figure *b*, ou en bande de parallélogramme obliquangle, comme à la figure *c*. *Fig.* 161. *Fig.* 163.

Le développement d'une pyramide droite de base polygone, au-delà du triangle, par exemple, du quarré du pentagone ou exagone, se fait en joignant les triangles isosceles qui l'enveloppent, suivant leurs côtés contigus, dont le sommet commun est au point S, en ajoûtant à une des bases le *Fig.* 164.

polygone, comme on la suppofé : toutes
ces furfaces pliées de fuite, formeront la
pyramide en queftion.

D'où il fuit que, fi au lieu de 4, 5 ou 6
côtés de la bafe, on en fuppofe une infinité
qui compoferoient un contour circulaire,
la pyramide prendroit la figure d'un cône,
dont le développement eft un fecteur de
cercle qui a un contour égal à celui du
cercle de la bafe A, 1, 2, 3, 4, 5.

Dans la fuppofition que le cône foit
droit, c'eft-à-dire que fon axe foit perpendiculaire à fa bafe ; la courbe du développement A *b a* eft fans contredit circulaire,
dont le rayon S A eft le côté du cône *droit* ;
mais fi ce cône eft fcalene, c'eft une courbe
différente, dont il faut chercher le contour par plufieurs points, comme nous allons le montrer.

PROBLEME.

Faire le développement d'une pyramide où
d'un cône fcalene, & en déterminer la plus
grande obliquité.

Nous avons dit qu'une pyramide eft appellée *droite*, lorfque fon axe, qui eft la
ligne tombant du fommet fur le milieu du
plan de la bafe, eft perpendiculaire à fa
furface ; ce qui s'applique auffi au cône,

dont l'axe eſt perpendiculaire au cercle de la baſe.

Mais ſi cet axe tombe obliquement ſur le plan de cette baſe, il en réſulte une inégalité de longueur & d'angles à la baſe do tous les triangles qui enveloppent la pyramide, & par conſéquent des infinimens petits qui enveloppent le cône ; de ſorte que la pyramide paroît pencher, vue de tous côtés, excepté lorſque le ſpeċtateur eſt dans la direċtion d'un plan qui paſſeroit par l'axe & par la perpendiculaire tombant du ſommet de la pyramide ſur la baſe du cône, ſoit du côté de cette perpendiculaire, ou de celui qui lui eſt diamétralement oppoſé.

Il faut obſerver qu'il arrive auſſi dans un cas contraire, qu'une pyramide peut être droite ſur ſa baſe, & paroître penchée en certaine ſituation, comme lorſque le polygone dé la baſe eſt en nombre impair de côtés : telle eſt une pyramide pentagone à *Soleurre*, qu'on me faiſoit remarquer comme un effet merveilleux de l'induſtrie de l'Architeċte, parce qu'elle paroît pencher preſque de tous côtés ; mais j'apperçus bientôt que cette apparence venoit de ce que la baſe étant un pentagone, dont les côtés ſont impairs, les arêtes des pans devoient être apperçues d'une inclinaiſon différente, ſuivant la poſition du ſpectateur: car ſi on le ſuppoſe en S, obliquement au côté de la baſe D E, & perpendiculairement au rayon H C, l'arête ſur le rayon H C étant vue perpendiculairement, paroîtra dans toute la longueur de ſon talud ou inclinaiſon ; l'arête ſur C F, vue ſous un angle aigu S C E, paroîtra raccourcie ſuivant la perpendiculaire E P plus courte que H C ; enfin l'arête ſur D C ſera vue encore plus en raccourci, ſuivant la perpendiculaire D q, qui eſt encore plus petite que P E, par conſéquent moins inclinée, mais elle paroîtra droite, toutes les fois que le ſpectateur ſera placé dans le prolongement de deux côtés de la baſe, comme en L à l'égard de G E & H D, ou au-delà, dans la même direction, ou dans la prolongation d'un demi-diametre C E, comme en K; d'où il verra, ſous le même angle, le talud des arêtes ſur D C, G C, & celle de E C dans un plan vertical : cette petite digreſſion, qui n'eſt pas tout-à-fait de notre ſujet, peut trouver ici place ſans ennuyer le lecteur. Reprenons notre problême, qui ne concerne pas les pyramides droites, mais ſeulement les ſcalenes.

Il s'agit premiérement de déterminer la direction de ce plan, ſuivant lequel une pyramide oblique ne paroît point pencher à droite ni à gauche. Soit une pyramide triangulaire ABDS, oblique fur fa bafe BAD, enforte que fi l'on abaiffe une perpendiculaire fur fon plan prolongé, elle y donne le point P pour fa projection, par lequel & par le centre C du triangle on tirera la ligne PC *a* : on fçait que ce point C fe trouve à l'interfection des diagonales AC & BC, qui divifent en deux également les angles A & B; & l'on tirera CS du centre de la bafe au fommet, qui fera l'axe de la pyramide. On fera enfuite à part un angle droit, dont un côté *ps* fera fait égal à PS de la précédente figure, & l'autre *pd* égal à la diftance P*d* de la même, mefurée fur le plan de la bafe; la ligne *sd* fera égale au côté DS. Du point *d* comme centre & de l'intervalle DA, on décrira un arc de cercle *tu*, & du point S & de la longueur SA pour rayon, on décrira un autre arc qui coupera le précédent *tu* au point *z*, par lequel on tirera du point *d* & S, la ligne *dz* & *zs*.

On continuera de même pour tracer le fecond triangle, portant *p*B en P·*b*, & prenant la diftance SI, de laquelle, pour rayon, & du point *s* de la 2ᵉ figure pour centre, on décrira un arc de cercle *xo*, & du point *z* pour centre, & pour rayon AB, on fera un autre arc *nx* qui coupera le précédent en *x*, d'où l'on tirera les deux lignes *x s*, *x ʒ* qui formeront le second triangle *x ʒ s* : enfin pour le troisieme, on a déja un côté donné, qui est D *s*, égal à *d s*, auquel il doit être uni dans l'enveloppement de la pyramide, avec lequel, comme rayon, & du point *s* pour centre, on décrira un arc D *y*, & de l'intervalle D B de la premiere figure, & du point *x* pour centre : on fera un autre arc *t y* qui coupera le précédent en *y*, le triangle *x y s* fera la valeur de celui qui étoit représenté en perspective en D S B de la premiere figure, & le troisieme du développement des côtés de la pyramide, exprimé par l'assemblage de ces trois triangles dans le pentagone irrégulier *s d ʒ x y*, auquel si l'on ajoute le triangle de la base A D B en *b x ʒ*, on aura le développement complet des quatre surfaces triangulaires, dont la pyramide étoit enveloppée ; *ce qui étoit premiérement proposé de faire.*

Il s'agit présentement de prouver que la section de la plus grande obliquité est dans le plan passant par l'axe de la pyramide, ou du cône scalene donné : par conséquent que la ligne C E, qui est dans ce plan, est le diametre de la base, qui fait avec l'axe S C l'angle le plus aigu.

Il est démontré dans les Elémens de Géométrie,

Géométrie, que ſi d'un point S, pris hors d'un plan, on tire une perpendiculaire S P, elle ſera la plus courte de toutes celles qu'on y peut mener, & que celles qui, partant du même point, s'éloignent le plus de la perpendiculaire, ſont auſſi les plus grandes.

Il eſt encore démontré dans la 8ᵉ pr. du 3ᵉ Livre d'*Eucl.* que ſi d'un point P, pris hors d'un cercle, on tire des lignes à ſon arc convexe, la plus courte eſt celle qui étant prolongée, paſſe par le centre du cercle, & au contraire dans ſon arc concave, c'eſt la plus longue.

Donc ſi l'on fait paſſer un cercle par les trois angles du triangle de la baſe de la pyramide, la plus courte des lignes ſera PE ; & enſuite par ordre de diſtance, PB, PD, PA: donc la ligne de l'arête de la pyramide en SB ſera plus longue que S E, qui eſt plus près de la perpendiculaire SP ; par la même raiſon, S D ſera plus longue que S B, & S A plus longue que S D. Or ſi du centre C, on tire des rayons aux angles A, B, D, on aura des triangles A C S, B C S, D C S, qui ont deux côtés égaux, chacun à chacun, ſçavoir CS commun, & les rayons AC, BC, DC, & le troiſieme inégal, dont les plus grands ſont oppoſés aux plus grands angles: donc ACS eſt plus grand que l'angle DCS (fuppofant CS en l'air, élevé fur la bafe ADB), & l'angle DCS fera plus grand que BCS; enfin ce dernier, plus grand que SCE, qui eft celui de l'axe avec la ligne CP, paſſant par la perpendiculaire SP au plan de la bafe prolongée: donc le rayon CE, qui eft dans le plan, eft dans le diametre qE de la plus grande obliquité, SCP étant le plus aigu de tous, & fon fupplément à deux droits, qCS le plus obtus. C. Q. F. D.

COROLLAIRE.

Il fuit de cette démonftration, que l'on a la maniere de faire le développement d'un cône fcalene, puifque nous avons fuppofé la bafe triangulaire de la pyramide infcrite dans un cercle, qui peut être confidéré comme la bafe d'un tel cône, ou d'une pyramide d'une infinité de côtés.

Dans cette fuppofition, nous avons dit que le développement d'un cône *droit*, c'eft-à-dire perpendiculaire fur fa bafe, étoit un *fecteur de cercle*, dont l'arc devoit être égal au contour du cercle de la bafe du cône; ce qui donne une pratique facile de faire ce développement.

Mais comme l'on n'a pas la même facilité de faire une courbe irréguliere, telle qu'eft celle du développement de la furface

du cône fcalene, on eft obligé de le confidérer, & de le réduire à une pyramide
fcalene, en divifant le contour du cercle
de la bafe du cône en parties fenfiblement
égales, plus ou moins grandes, felon qu'on
fe propofe d'approcher plus de la figure
ronde : dans la pratique des traits des voûtes, il nous fuffira de faire le développement de la moitié du cône, coupé par fon
fommet, & le diametre AB de la plus
grande obliquité ; l'autre partie étant égale
à celle-ci, n'en doit être que la répétition.

Soit le demi-cercle ADB la moitié de
la bafe du cône fcalene, dont on a trouvé,
par la pratique précédente, le diametre
AB, & le profil PSB du plan de la fection
par fa plus grande obliquité.

Soit auffi ASP le plan de la fection du
cône ABS, par fon axe CS, & la perpendiculaire SP fur le plan de fa bafe ADB,
prolongée ; on en divifera le contour en
tel nombre de parties qu'on voudra, comme ici fa moitié en fix ; pour réduire le
cône en pyramide dodécagone. Du point P
pour centre, & des longueurs P1, P2,
P3, &c. pour rayon, on portera toutes les
diftances du point P aux divifions de la
circonférence, fur le diametre AB, aux
points 6, 7, 8, 9, 10 ; les lignes tirées de

Fig. 169.

ces points au fommet du cône S, donneront les longueurs différentes des côtés,
paffans par les points 1, 2, 3, 4, 5, & le
profil donne ceux de la plus grande longueur AS, & de la plus petite BS.

Par le moyen de ces côtés donnés, &
des cordes de la bafe A1 ; 1.2, 2.3, &c. on
pourra faire le développement de la pyramide dodécagone, comme nous l'avons
fait ci-devant de la triangulaire ; ce que
nous allons répéter d'une autre façon.

Ayant porté la longueur S A féparément
en sa, on prendra la longueur $s6$, avec laquelle, pour rayon, on fera un arc ei, &
de la corde A1 pour rayon, & du point 4
pour centre, on fera un autre arc tu qui
coupera le précédent au point u, qui fera
un de ceux du contour de la courbe de développement de la bafe. Du point s pour
centre, & pour rayon $s7$, on fera de même un arc fg, & du point u pour centre,
& pour rayon la corde 1.2, on en fera un
autre hx qui coupera le précédent au point
x, qui donnera le fecond point de la même
courbe : on prendra enfuite la longueur $s8$,
avec laquelle, pour rayon, & du fommet
s pour centre, on décrira un arc kl, & de la
corde 3.2, & du point x pour centre, on
décrira un arc uy qui coupera le précé-

dent au point *y*, qui sera le troisieme point de la même courbe. On continuera de même jusqu'à ce qu'on soit parvenu en *b*, & l'on joindra tous ces points par une ligne courbe, tracée de l'un à l'autre à vue d'œil, ou avec une regle pliante, qui donnera la moitié du développement jusqu'au point de station *b*, ou la même courbe se répete en sens contraire concave jusqu'au quart de cercle BD, dont le développement est $by = bx$ ensuite de nouveau convexe, comme la continuation *y x u a*, qui achevera le contour de la circonférence entiere de la base du cône, & la figure mixtiligne *a y b s* sera le développement de la moitié de sa surface.

Il est clair que si, au lieu d'un cône entier, on n'avoit qu'un cône tronqué, comme AHFB, le développement ne seroit plus un triligne mixte, mais une zone d'inégale largeur ondée, comme celle qu'on a distinguée par une hachure, où l'on voit le développement entier de sa base supérieure en H *l f k h*, dont les points H & *h* doivent être réunis dans l'enveloppement.

Ce développement entier de la circonférence du cercle, n'est ici que pour la théorie : car pour la pratique de la coupe des pierres, les trompes qui sont des voûtes coniques, dont la face est la base d'un cône,

Fig. 169.

Fig. 170.

I iij

ne comprennent jamais que le demi-cercle : ainsi en supposant une rampante par son axe, ou ce qui est plus ordinaire, un *abajour ébrasé*, qui est une voûte conique tronquée, le développement ne peut tomber que sur le demi-cercle 3 A G, qui est composé du double de la courbe *y a*, comprise entre le point d'inflexion *y*, jusqu'à celui de station *a* : par conséquent toute convexe, comme on l'a marqué à la troisieme figure *y a* Y au dehors, & concave au dedans en *f h* F.

On appelle point de *stations* les deux *b* & *a*, où la courbe cesse de s'éloigner, ou de se rapprocher du sommet *s*, & points *d'inflexions y* & Y, où elle se plie du concave au convexe ; mais si l'axe de la trompe C S étoit horizontal, pour une trompe biaise, ou une embrasure à mettre du canon en biais, on auroit besoin du développement du demi-cercle A 3 B, exprimé en entier en *b y a* de la fig. 170 par dehors, concave depuis *b* en *y*, & convexe depuis *y* en *a*, & au contraire en dedans convexe de *f* en *k*, & concave de *k* en *h*, où sont les points d'inflexions de la courbe ; ce qui paroît singulier & difficile à comprendre, puisque dans l'enveloppement circulaire, ces deux courbes différentes doivent se ranger dans un même plan vertical.

Nous avons fuppofé jufqu'ici le cône
tronqué par un plan parallele à fa bafe,
qui donne une courbe femblable, laquelle
eft un cercle, s'il eft fuppofé fcalene ; mais
s'il étoit coupé obliquement, comme
en E L, la courbe de la fection feroit une
ellipfe : alors il y auroit quelque chofe à
changer dans le tracé du développement,
non pour la furface, qui eft fuppofée refter
la même, égale au triligne mixte *b a s*, mais
au contour intérieur *f k h*.

Le diametre donné E L étant perpendiculaire à l'axe, ou à peu près, & le plan
de la fection étant auffi perpendiculaire à
celui du triangle par l'axe, & le diametre
A B de plus grande obliquité ; ce diametre
E L fera le petit axe de l'ellipfe E O L, &
la ligne *co*, la moitié de fon grand axe,
qu'il faut chercher par un profil particulier, qui fera la fection d'un plan perpendiculaire au triangle de plus grande obliquité
A S B ; c'eft pourquoi on élevera C M perpendiculaire fur C S, & égale au rayon
C D ; puis ayant tiré M S au fommet du
cône, on lui fera une parallele par le point
c, milieu de E L, qui coupera M S en *m*,
la longueur *m c* fera la moitié du grand
axe de l'ellipfe, défignée par le contour
E O L. On a donc déja quatre longueurs
de côtés donnés pour le développement

Fig. 169.

I iv.

de cette section elliptique, qu'on portera
sur le premier A *b* *a* S sur les lignes correspondantes, sçavoir, S E sur le grand côté
S *a* en *se*; *s* L sur le petit côté *sb* en *sl*;
S *m* du grand axe de l'ellipse sur *sy* en *sm*,
& sur *sg* en M; & faisant passer par ces
points une courbe E *m* L M *e*, on aura le
développement de l'ellipse sur la surface
du cône développée.

Il est aisé de voir qu'on peut chercher
autant de points que l'on voudra entre les
quatre donnés par des profils particuliers,
sur les projections des points de la circonférence de la base 1, 2, 4, 5 dans le plan
du profil A S B, comme l'on a fait sur
l'axe C S.

S'il s'agissoit d'une section parabolique,
comme pour une des faces d'une *trompe sur
le coin*, ayant tiré par le sommet donné
P une parallèle au côté S B, on cherchera
de même tous les points du développement
de cette parabole par des profils particuliers, comme nous venons de le dire de
l'ellipse, pour avoir la courbe *pr* R, sur le
premier développement de la surface. Nous
ne disons rien de l'hyperbole, parce que
l'usage de cette courbe ne se trouve que
dans les faces des voûtes coniques à plusieurs pans, étant d'ailleurs facile d'en
trouver le développement comme des au-

tres sections, l'*axe* étant donné dans le plan du profil du cône.

S'il s'agissoit de réduire une double obliquité du cône, comme de biais & de talud de face, on la fera à peu près comme nous l'avons dit des cylindres : par exemple, soit l'angle S C A celui du biais d'un axe horizontal S C sur une face A B verticale, & l'angle P C T celui d'un talud qu'on veut lui donner, le diametre D E deviendra celui de la plus grande obliquité de la réduction du biais & du talud en une seule du biais, qui sera un peu plus grand, c'est-à-dire l'angle X C D plus aigu.

Pour le démontrer, du point C pour centre, ayant fait un arc S X, & une perpendiculaire sur T E, par le point T, qui rencontrera l'arc S X au point X, on tirera X C, qui représente l'axe en différente situation, changée par le talud. Présentement si l'on compare les deux triangles S C P, S C T rectangles en P & en T, qui ont des hypoténuses égales (par la construction), & un côté T C plus grand que P C, il est clair que l'angle opposé T X C sera plus grand que P S C, & son complément X C T sera plus petit que celui de l'autre triangle S C P. C. Q. F. D.

Par ce moyen de réduire deux obliquités en une, il sera aisé d'en réduire une troi-

Fig. 172.

fieme, comme de biais, talud, & defcente ou montée, qui font tous les cas d'obliquités rectilignes.

Du développement des Prifmes & des Cylindres.

Si un prifme de bafe triangulaire ou d'un polygone quelconque eft *droit*, c'eft-à-dire perpendiculaire au plan de cette bafe, & que fon oppofée fupérieure lui foit parallele, il eft évident que chacune des furfaces qui l'enveloppent eft un parallélogramme rectangle; il n'en eft pas de même, fi l'axe du prifme eft oblique au plan de la bafe, fuppofée encore parallele à fon oppofée; ces parallélogrammes peuvent être tous obliquangles, il n'y en a de rectangles que ceux dont les côtés font perpendiculaires à la ligne de direction de l'obliquité, dont il ne peut y en avoir qu'un, fi la bafe eft un polygone de nombre impair, & deux, fi elle eft de nombre pair.

Soit pour exemple un prifme triangulaire, dont la bafe eft le triangle A D B, fur laquelle il eft incliné, fuivant un angle donné *p* F S, qui en eft le profil, mis par le côté fur une ligne de bafe *d* F *p* perpendiculaire au côté A B, parce qu'on fuppofe que la ligne de fon inclinaifon *m* M lui eft perpendiculaire. Ayant abaiſſé du ſommet S la ligne S P perpendiculaire à la même, le point P ſera la projection du point S ; & ſi l'on fait par ce point le triangle *a b d* parallele à A B D, on aura la projection totale du priſme propoſé en A D B *b d a* ; on tirera enſuite la ligne D *d*, qui coupera *p* F prolongée en *d*, par où on menera *d s* parallele & égale à F S, & par le point F une perpendiculaire F N qui coupera *d s* au point N, la ligne *d* N donnera la longueur de l'obliquité, qui ſera la directrice du développement.

Ayant fait à la ſeconde figure la ligne *a b* perpendiculaire à *m* M pour répéter la ligne A B du plan horizontal, à laquelle on la fera égale, on menera par les points *a* & *b* des paralleles à *m* M, *a* I, *b* K, qu'on fera égales à F S du profil, & l'on aura le parallélogramme rectangle *a* I K *b* pour le développement de la ſurface, qui a A B pour baſe ; enſuite on prendra la longueur *d* N, qu'on portera ſur *m* M de *f* en *n*, par où on menera la perpendiculaire indéfinie *r* R, qui ſera la directrice du développement, qui donnera l'obliquité des ſurfaces collatérales, en faiſant du point *a* pour centre, & A D de la premiere figure pour rayon, un arc de cercle qui coupera *r* R au point *r*, & du point *b* pour centre, & B D du

plan pour rayon, un arc qui coupera *r*R au
point R. Si l'on tire des lignes de *a* en *r*, &
de *b* en R, on aura les angles d'obliquité des
parallélogr. collatéraux *ra*I*g* & *b*RGK, qu'il
fera aifé d'achever, en menant des lignes
paralleles & égales aux côtés donnés *ra*,
*a*I, & au côté de l'autre furface, qui doit
fe joindre à celle-ci dans l'enveloppement
en *rg*, RG, qui doivent fe confondre en
une feule arête de prifme. Si l'on ajoute à
ces trois parallélogrammes les deux bafes
oppofées *a*d*b*, IHK égales au triangle du
plan ADB, on aura le développement des
quatre furfaces qui enveloppent le prifme
triangulaire. Si la direction de l'inclinaifon
avoit été oblique fur le côté AB, comme
dans la figure 174, il en auroit réfulté
que tous les parallélogrammes auroient
été obliquangles, comme cette figure le
montre.

De cet exemple donné pour le plus fimple des prifmes, il fera aifé de tirer la conftruction du développement des plus compofés, & même du cylindre, qu'on doit
confidérer comme un prifme d'une infinité
de côtés.

COROLLAIRE.

Du développement des cylindres.

En fuivant la fuppofition que les cylindres font des prifmes d'une infinité de côtés, on conçoit fans peine que le développement d'un cylindre *droit*, c'eft-à-dire dont l'axe eft perpendiculaire au plan de fa bafe, & qui a fon oppofée parallele, eft un parallélogramme rectangle, compofé d'une infinité d'autres, dont les petits côtés font la fomme de la circonférence du cercle de la bafe; & que fi l'axe eft oblique fur fa bafe, tous ces petits parallélogrammes font inégalement obliques, comme ceux des prifmes, à mefure qu'ils s'éloignent où fe rapprochent de la fection, par la plus grande obliquité de l'axe; d'où il réfulte que ces différences d'obliquités de côtés de chaque parallélogramme compofent une ligne courbe, partie concave, partie convexe, comme on va le voir par un exemple.

Soit un cylindre ABDE incliné fur fa bafe, *Fig. 1.* fuivant un angle donné AEP, ou trouvé par le probl. 1, ch 1, part 2, pour celui de fa plus grande obliquité fur le plan de fa bafe prolongée, fi elle étoit double: on tirera du point E au côté oppofé BD une perpendiculaire EN, qui fera le petit diametre

d'une ellipfe **E L N**, fi le cylindre eft fcalene, & $mL = cB$ la moitié du grand axe,
le développement du contour de cette ellipfe fera la ligne directrice de celui de la
furface totale, confidérée comme com-
pofée d'un grand nombre de parallélogrammes, enveloppant un prifme, dont
les petits côtés font inégalement inclinés
aux grands, dont la fuite forme une courbe
ondée, comme celle que nous a donné le
développement d'un cône fcalene.

Fig. 176.   Soit **A B E D** la fection par l'axe & le
profil d'un cylindre fcalene, dont on veut
faire le développement, ou fi l'on veut,
le plan horizontal d'un berceau *biais*, dont
on veut développer les doëles plates des
rangs de vouffoirs de fa voûte.

Ayant tiré une perpendiculaire fur le
diametre de la face **A B H**, & prolongé celui de la face oppofée **E D** en **P**, la ligne
P D exprimera le biais de la direction de
l'axe **C X**, parallele à **A D**.

Par le point **D**, on tirera une perpendiculaire **D R** fur **B E**, qui fera le petit diametre d'une fection du cylindre, dont
$mh = CH$ fera la moitié du grand axe.

Ayant élevé fur **A B** le ceintre de face
A H B, & l'ayant divifé en tel nombre de
vouffoirs qu'on voudra, par exemple, en
cinq aux points 1, 2, 3, 4, on abaiffera de

ces points de divisions des perpendiculaires
sur AB en *ikln*, on fera la projection des
lits par des lignes paralleles à l'axe, 1.5,
2.6, 3.7, 4.8, qui couperont le diametre
DR de l'arc droit aux points o.o, &c. sur
lesquels on portera les hauteurs *i* 1, *k*2,
CH 3*l*.4*n* en o 1, o2, *ch*, o3, o4, qui
donneront des points au contour de la demi-ellipse D*h*R.

On développera la courbe de ce contour
sur une ligne droite DMR, mise à part,
sur laquelle on portera de suite les cordes
1.2, 2.3, 3.4, 4.5 en Do', o², o³, o⁴, M,
par lesquels on tirera des perpendiculaires
indéfinies D*a* & les suivantes, partie en
dessus, partie en dessous de la ligne DM,
suivant les différentes longueurs des joints
de lit, comprises par le biais dans le triangle DRE de la premiere figure : ainsi on
portera o5 de la premiere figure en o'5 de
la seconde ; o6 de la premiere en o'6 de la
seconde ; o7 de la premiere en o'7 de la seconde : enfin o8 en o'8 de la seconde, &
RE en MS de la seconde ; & par ces points
trouvés au contour du développement de
la demi-ellipse de l'arc droit, on tracera à
la main la courbe ondée D7S, qui sera la
développée de la moitié de la base du cylindre, laquelle étant répétée en sens contraire en SG*d*, donnera le développement

Fig. 177.

DS*d* de la bafe entiere, à laquelle on fera une courbe parallele de l'autre côté de la directrice DM*d* en *ac*FI*e*, le quadriligne mixte D*aed* fera le développement de la furface du cylindre, dont les côtés D*a* & *de* doivent fe rejoindre & fe confondre dans l'enveloppement.

Si au lieu de commencer ce développement au point A, on l'avoit pris au point H, la courbe auroit toûjours été la même, mais un peu différente dans fa longueur, en ce qu'elle auroit eu de chaque côté une concavité *e*FI, & une convexité I*eh* complete, parcé que les points G, H, I, *h* font des points d'inflexions, au lieu que dans le développement précédent, la concavité n'eft qu'à demi aux deux bouts, étant coupée au milieu par les lignes D*a* & *de*, qui font les lignes de ftations.

Si à ces deux contours ondés, deffus & deffous, on ajoute les deux cercles de la bafe du cylindre, on aura le développement de fes trois furfaces, fçavoir, de la courbe enveloppante, & de fes deux bafes. *Ce qui étoit propofé.*

USAGE.

Ce problême eft le fondement des traits de la coupe des doëles des berceaux biais d'une ou plufieurs obliquités, puifqu'on

peut

peut les réduire à une feule, comme nous l'avons dit, furtout lorfqu'on travaille par panneau de *doëles plates*. Il faut feulement remarquer que, comme les voûtes ne comprennent jamais qu'une moitié de cylindre, leur développement à la doële ne s'étend qu'à la moitié de la longueur de la directrice D*d*, en quelque point du ceintre qu'on foit obligé de commencer, ou aux points de ftation, provenant de A & B, ou aux points d'inflexions, provenant du fommet H, & de fon oppofé *s d*, le cylindre eft tourné de maniere à le mettre à la naiffance de la voûte, au lieu du fommet ; ce qui peut arriver, même aux points intermédiaires. Ainfi dans notre exemple, le développement de la doële du berceau biais ABED eft complet dans le quadriligne mixte D*a*FS, pofant D*a* fur l'impofte AD de la premiere figure, & SF fur l'impofte BE de la premiere figure.

Mais fi le biais avoit été en talud, on auroit commencé en H, & le développement total de la doële auroit été compris dans le quadriligne mixte VCFIGSV ; & à proportion s'il y avoit eu du biais & du talud, auquel cas le côté oppofé au concave donne du furplomb, fi le développement eft de courbes paralleles entr'elles ; ce qui ne fe peut rencontrer dans l'exécution, que pour les voûtes appuyées fur d'autres en lunettes.

Nous avons fuppofé jufqu'ici les cylindres fcalenes, dont l'axe eft oblique fur le plan d'une bafe circulaire ; mais s'il l'étoit fur une bafe elliptique, il n'y auroit rien à changer à la conftruction pour avoir le développement du contour de l'ellipfe, parce que l'ellipfe n'eft qu'un cercle alongé, qui donneroit plus ou moins de différence de l'arc droit à la bafe, c'eft-à-dire de diametre à diametre ; ce qui donneroit toujours des points de *ftations* aux grands axes, & des points d'*inflexions* aux petits, où la courbe du développement fe plie du concave au convexe, en changeant de directions ; ce qui paroîtra encore mieux par les développemens compofés dont nous allons parler.

Du développement d'un cylindre creux, compofé de la furface concave & convexe, raffemblés fur un même plan de defcription. (En termes de l'Art relativement aux voûtes) du développement de doële & d'extrados d'un berceau, raffemblés dans une même épure, & des furfaces planes des joints de lits, étendues chacune dans leur place.

Soit pour exemple le plan ou la projection

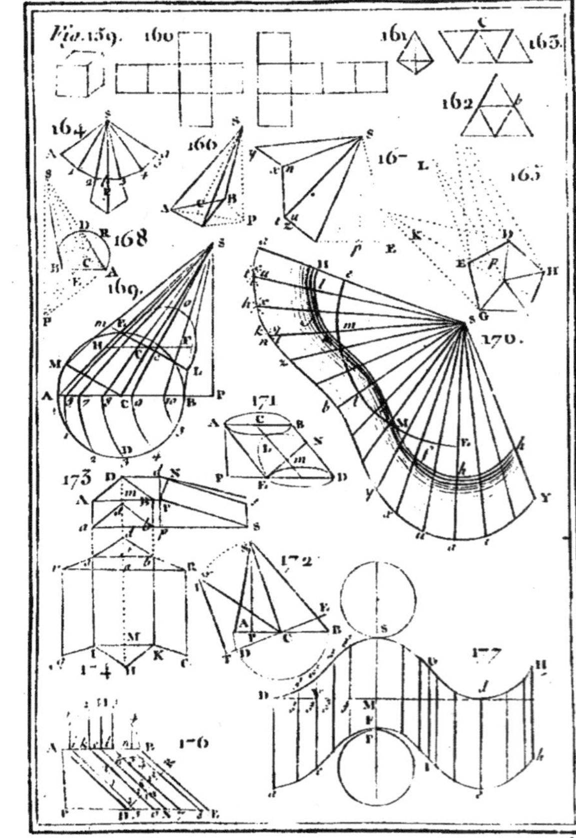

Fig. 159.
160
161
163
162
164
166
167
165
168
169
170
171
173
174
172
176
177

horizontale d'un berceau *biais* & en *talud*, le parallélogramme obliquangle ABED, suivant l'angle aigu DAB du biais sur la face AHB, représentée ici en projection de son talud par la demi-ellipse AVB, pour l'arête de l'extrados, & *aub* pour celle de la doële, lesquelles font divisées en vouf-foirs par les joints tirés au centre C, 5.1, 6.2, 7.3, 8.4, raccourcis par la projection horizontale.

Fig. 171.

Sur l'axe ou le côté de ce parallélogram-me, on tirera une perpendiculaire DR pour un des diametres de *l'arc droit*, qui eft ici le petit axe d'une ellipse, dont CA ou CH, rayon du ceintre primitif, tranfporté en *ms*, donnera la moitié du grand axe, par le moyen duquel on peut la décrire, & fa concentrique *dsr* avec l'axe donné *dr*, & le rayon C*a* ou C*h* fans avoir recours aux à-plombs du ceintre primitif AHB à l'ex-trados, & *ahb* à la doële : par la même méthode, on peut décrire l'ellipse de pro-jection de la face en talud AVB, & fa concentrique *aub* avec les grands axes donnés AB, *ab*, & les moitiés des petits axes à la projection du talud B*u*, BV.

Nous faifons ici cette obfervation, pour montrer que l'on peut fe paffer d'un cein-tre primitif vertical, qui n'eft ici qu'ima-ginaire & fuppofé, puifque la face ne doit

K ij

pas être verticale, mais en talud, comme le montre le profil V B T : car on pourroit faire servir l'ellipse de projection A *u* B, & son asymptotique concentrique *a u b* de ceintre primitif, en divisant sa circonférence en parties égales ou inégales aux points 5, 6, 7, 8, d'où on tireroit des joints de tête du centre C, sçavoir, 5.1, 6.2, 7.3, 8.4, par lesquels on meneroit des paralleles à l'axe C X, ou au côté A D, qui couperoient l'ellipse de l'arc droit aux points *c*, *f*, *g*, I, d'où l'on tireroit aussi des joints à l'axe C X au centre *m* de l'arc droit.

Il faut remarquer que quoique les deux ellipses de projection de face & de l'élévation de l'arc droit, ne sont pas divisées par cette opération, suivant la regle que nous avons donnée par des lignes perpendiculaires à la tangente du point de division, parce que ces perpendiculaires, par exemple, aux points 5 & *e* ne seroient pas paralleles entr'elles, comme le joint de tête 5.1, ne seroit pas parallele à *e k*; d'où il résulteroit que la surface du lit ne seroit pas plane, mais gauche; ce qu'il faut éviter, autant qu'il est possible, au lieu qu'en tirant les joints de tête dans la même direction à l'axe, les lits sont des parties planes d'un parallélogramme par l'axe du cylindre, dont il importe aussi de connoître l'obliquité des joints de tête fur les côtés, comme on le verra ci-après.

Suppofant donc qu'il ne s'agit ici que de faire un développement, fans égard à une divifion exacte en vouffoirs, faifant fervir de ceintre primitif celui de la projection de face AVB, & que le berceau eft terminé à fa face poftérieure par un plan vertical, qui eft en plein ceintre, égal à celui qu'on a fuppofé en AHB fur le diametre $DE = AB$.

On tirera par tous les points, $5,6,V,7,8$ à l'extrados, & $1,2,u,3,4$ pour la doële, des paralleles à la direction AD du berceau, qui couperont le diametre de l'arc droit DR en $5',6',m\,7',8'$, & à la doële en $1',2',m\,3',4'$, & le diametre poftérieur DE en $5^z,6^z \times 7^z,8^z$ pour l'extrados, & $1^z,2^z,3^z,4^z$ pour la doële: on aura tous les points néceffaires pour faire le développement des deux furfaces de doële & d'extrados dans le même plan & fur la même directrice, comme on va le montrer.

Ayant tiré en un lieu commode une ligne droite indéfinie pour fervir de directrice du développement propofé, comme en D^u, R^u, & ayant pris un point M pour le milieu des intervalles développés, on portera de part & d'autre de ce point fucceffivement les cordes du ceintre de l'arc droit, fçavoir, S, 6°. 6°. 5°. 5°, D d'un côté, & de même de l'autre jufqu'en R pour l'extrados ; enfuite pour la doële de même, à commencer du même point M, les cordes S, 2°. 2°, 1°. $1^o d$ d'un côté, & autant de l'autre jufqu'en r ; ce qui donnera les points D^v, R^v pour les extrêmités de l'extrados, & d^u, r^u pour celles du développement de la doële.

Par tous ces points & tous les intermédiaires, 5^v, 1^v, 6^v, 2, &c. on menera des perpendiculaires indéfinies de part & d'autre de la directrice D^v, R^v, fur lefquelles on portera les diftances de cette ligne aux points de projection fur la premiere figure du plan, fçavoir, D A du plan en D^v, A^v, 5^r, du plan en 5^v ; 5^r, 6^r, du plan en 5°, 5^v ; $m7$ du plan en M 7^v du développement, ainfi du refte, pour un des côtés de la directrice, où eft la projection de la face : enfuite on reprendra pour l'autre côté du derriere les diftances de *l'arc droit* D R à la face poftérieure D E, lefquelles donneront les points 5^z, 6^z, 7^z, 8^z, & e, diftance de R E du plan, & par tous les points trouvés au développement de la face à la doële, on tirera la courbe a^v, 1^v, 2^v, 3^v, 4^v, & à celle de l'extrados, A^v, 5^v, 6^v, 7^v, 8^v, B^v, qui font ici comparées fur le même plan, où l'on voit leur différence de contour &

de longueur. Il en réfultera une autre à la face poftérieure, qui diffère autant en longueur, mais beaucoup moins en ondulation de contour, parce qu'on ne lui fuppofe point de talud comme à la premiere.

Les Auteurs de la coupe des pierres, non contens de faire le développement de ces contours, pour montrer l'obliquité de chaque portion de développement, qui comprend un rang de vouffoir entre deux paralleles, qui font les joints de lit, ajoutent encore, pardeffus, les furfaces de ces lits, qui font des parallélogrammes rectangles dans les berceaux droits, obliquangles dans les biais, & en trapeze lorfque les faces antérieures & poftérieures ne font pas paralleles entr'elles, ou lorfqu'étant biais par la tête, un vouffoir n'eft pas affez long pour atteindre à la face oppofée de ce même biais; car alors le joint de tête doit être parallele à l'*arc droit*, perpendiculaire à l'axe, c'eft-à-dire à la direction de la voûte : ainfi la doële plate d'un tel vouffoir eft biaife par un bout, & quarrée par l'autre, comme celle qui fe termineroit à l'arc droit, $6^v, 7^v, 6^z, 7^z$ du développement.

Je compare ici les furfaces des lits avec celles des doëles plates, parce qu'on en trouve les côtés de la même maniere, &

qu'ils font communs aux paremens intérieurs & extérieurs à la doële & à l'extrados : ainfi leurs longueurs font égales à
celles des diftances de l'arc droit, & de la
projection de la face verticale, ou bien en
talud, comme eft celle de notre plan de
la premiere figure; mais comme leur largeur, entre les deux furfaces de doële &
d'extrados, dépend de celle de l'épaiffeur
de la voûte; il peut arriver qu'elle eft plus
ou moins grande que celle de la doële :
d'ailleurs les côtés formant les deux têtes,
font toujours des lignes droites, au lieu
que ceux des doëles plates font des cordes
qui font les foûtendantes des arcs des doëles
concaves, auxquelles il faut enfin les réduire : ainfi, fi l'épaiffeur de la voûte eft
uniforme, les largeurs des lits font égales;
& fi elle ne l'eft pas, comme lorfqu'on en
épaiffit les reins, elles deviennent auffi inégales en largeur.

Cette largeur étant déterminée à angle
droit, on aura l'obliquité des joints de tête,
en portant fur les joints de lit à la doële &
à l'extrados les différentes longueurs données par la projection, foit, par exemple,
la furface du quatrieme lit de notre voûte
à décrire, dont la projection eft le trapeze,
4, 8, 9, k, & dont les joints de lit 4 k, 8, 9
coupent l'arc droit D R aux points x, y.

Ayant tiré une ligne *dr* pour une portion du diametre de cet arc, on y portera pour la largeur du lit, l'épaiſſeur de la voûte I O priſe au joint de tête de l'arc droit, & aux points I, O de la ligne *dr*, par leſquels on tirera des perpendiculaires indéfinies, ſur leſquelles on portera, de part & d'autres, les longueurs de la projection, ſçavoir *x* 4 en I 4, *y* 8 en *o* 8 ; & l'on tirera la droite 4.8, qui ſera le joint de tête de la face en talud. De même de l'autre côté *y* 9 en *o* 9, & *x* 7 en I 7, le trapeze 4.8.9.7 ſera le développement de celui qui eſt marqué des mêmes chiffres à la projection, dont il ne differe que par l'intervalle des côtés paralleles, qui eſt plus petit en *xy* que la largeur donnée I O ; d'où il réſulte que les angles des têtes ſont plus aigus dans la projection que dans le développement mis à part.

On trouvera de même toutes les ſurfaces des autres lits, leſquelles, quoique de même largeur, ſi l'épaiſſeur de la voûte eſt uniforme, différeront à leurs têtes antérieures & poſtérieures par le plus ou moins d'ouverture de leurs angles, parce que les joints de lit qui les terminent, ſont inégalement longs, étant évident que le talud les raccourcit à meſure qu'ils approchent de la clef.

Pour montrer toutes ces différences d'un coup d'œil, les Auteurs de la coupe des pierres les raffemblent, en les couchant fur le développement du côté où ils doivent êt e placés en exécution fur le joint de lit de doële qui leur eft commun, comme l'on voit à la figure 178, en obfervant de les tourner, les uns d'un côté de l'extrados, & les autres de l'autre, afin que ces furfaces des lits ne recouvrent pas trop celles des doëles : cette expanfion n'eft pas inutile dans le *trait* fur le papier, parce qu'elle avertit des inégalités des angles des têtes ; mais elle n'eft pas néceffaire dans l'épure, fur laquelle on prend les mefures ; il eft moins embarraffant de les tracer chacune à part, parce que la multiplicité des lignes & des angles, & la confufion, donnent fouvent occafion de fe tromper, en prenant l'un pour l'autre.

REMARQUE.

On peut demander ici pourquoi la courbe ondée du développement de l'arc de face, les points de ftation & d'inflexion ne fe trouvent ni au commencement ni au milieu comme dans le développement précédent.

La raifon en eft toute fimple, c'eft que les deux obliquités de *biais* & de *talud* n'ont pas été réduites en une seule, comme dans le problême précédent, le diametre qui paſſe par les naiſſances de la voûte n'é-tant pas celui de la plus grande obliquité de l'axe ſur le plan de la face : car nous avons fait remarquer que lorſque cet axe lui eſt incliné, il fait des angles inégaux avec tous les diametres, plus ou moins ai-gus & obtus, & les points de *ſtations* du développement ſont aux extrêmités de ce-lui qui fait avec l'axe l'angle le plus aigu de tous, & ceux d'inflexions ſont à l'extrê-mité de celui qui eſt perpendiculaire à ce diametre, & par conſéquent à l'axe, parce qu'il eſt entre les aigus & obtus, qui chan-gent la direction du concave au convexe, & qu'on peut appeller le diametre de nulle obliquité.

Du développement des polyëdres pour ſup-pléer à celui de la ſphere & des ſphéroïdes.

On voit dans les Elémens de Géomé-trie qu'il n'y a que *cinq corps réguliers*, c'eſt-à-dire enveloppés d'un certain nom-bre de ſurfaces égales entr'elles, & régu-lieres dans le contour d'un polygone, qui ne peut être que de trois, quatre ou cinq côtés égaux entr'eux.

Le premier de ces corps & le plus ſimple eſt le *tétraëdre*, enveloppé par quatre triangles équilatéraux.

Le ſecond par ſix quarrés, eſt appellé *cube*.

Le troiſieme par huit triangles équilatéraux, eſt appellé *octaëdre*.

Le quatrieme par douze pentagones, *dodécaëdre*.

Le cinquieme par vingt triangles équilatéraux, s'appelle *icoſaëdre*.

Il ſeroit ſuperflu de parler de ces développemens pour l'arrangement de leurs ſurfaces, il ſuffit de ſe rappeller ce que nous avons dit , qu'on ne peut aſſembler des angles à un même ſommet , qu'autant que leur ſomme n'égalera pas quatre angles droits , parce que les angles ſolides , compris par pluſieurs ſurfaces , ſont toujours & néceſſairement moindres que quatre droits.

Il eſt évident que ſi l'on émouſſe les *carnes* de ces angles ſolides , on arrondit le corps de plus en plus ; mais il arrive que ces mutilations produiſent de nouvelles ſurfaces différentes ; en abattant les angles ſolides d'un tétraëdre , on change les triangles équilatéraux en exagone , & alors ce corps n'eſt plus régulier , étant compoſé de triangles de la nouvelle ſection , & d'exagones formés par leur mutilation.

Pareils émouſſemens d'angles au *cube*
font des *octogones*, au lieu des quarrés qui
l'enveloppoient, ainſi des autres ; de ſorte
que les développemens de ces nouveaux
ſolides ſont compoſés de polygones inégaux en grandeur & en nombre de côtés ;
& quelque compoſition que l'on faſſe de
figures égales, on ne peut en former un
ſolide, compris par un plus grand nombre
de côtés, que par vingt triangles équilatéraux.

Delà nous concluons que c'eſt celui qui
approche le plus de la figure de la ſphere :
mais ſi on veut l'envelopper de figures
planes, réguliérement inégales, on peut
approcher infiniment de ſa rondeur ; en
voici le moyen le plus convenable & le
plus facile.

Si l'on coupe la ſphere par un plan paſſant par ſon axe P*p*, cette ſection ſera ſans
doute un cercle É*p g p* ; & ſi on la coupe
encore par le même axe d'une petite diſtance É*a* vers le milieu, on aura une tranche, comme d'un melon, tracée par la nature des côtes, qu'on peut déployer ſur
une ſurface plane en fuſeau, comme on
voit en F*u*S*e*, dont la ligne droite du milieu eſt le développement d'un demi-cercle
P M*p*, que la Géométrie ne peut encore
trouver que par une approximation, la-

Fig. 182.

quelle est cependant suffisante par la pratique ; ensuite on peut diviser cette ligne droite en autant de parties qu'on veut, qui donneront des trapezes resserrés de plus en plus, à mesure qu'on approche du pole ; c'est ainsi que l'on fait les fuseaux de papier pour envelopper les globes sur lesquels on décrit les lieux de la terre, ou les constellations des cieux.

Les Auteurs de la coupe des pierres divisent à peu près de même la surface de la sphere, quoique d'une maniere différente, en la supposant comprise par une grande quantité de zones coniques qu'ils sous-divisent en portions de méridiens pour former les joints de tête ; ensorte que de l'une & de l'autre façon, on y considere une infinité de trapezes.

L'avantage qu'on trouve à cette seconde maniere, c'est qu'elle conserve une des deux courbures de la sphere, qui est la parallele à l'équateur ; mais elle ne peut conserver l'autre, qui est celle des méridiens courbes d'un pole à l'autre, au lieu qu'à la précédente maniere, la sphere est sensée réduite en polyëdre inscrit ou circonscrit à sa surface ; l'inscription dans la concave donne le moyen de faire usage des doëles plates, pour parvenir à l'excavation de la double courbure de concavité parallélement à l'équateur, & croisée par celle des portions de méridiens, c'est-à-dire des arcs de cercle dirigés au pole, qui est ordinairement le milieu de la clef du sommet, lequel dans cette position est le seul apparent; mais par une autre position de l'axe de niveau, on peut les voir tous deux à l'imposte de la voûte, si l'hémisphere est est complet, ou du moins un seul, si la voûte est en niche, & qu'elle n'en comprenne que la moitié.

J'ai donné dans le quatrieme Livre de ma Stéréotomie les moyens de faire usage de l'une & de l'autre réduction de la sphere en polyëdre ou en zones coniques, en faisant remarquer les avantages & désavantages de chacune de ces méthodes, & corrigeant les erreurs dans lesquelles sont tombés les Auteurs qui m'ont précédé, en suivant celle des zones coniques, particuliérement quand il s'est agi d'en faire de différentes directions qui se croisent comme dans certaines dispositions des lits de voussoirs, formans dans sa surface concave des arrangemens, dont la projection horizontale donne des polygones réguliers.

Du développement des Hélices.

Il ne faut pas confondre le mot *d'hélice*

avec celui de *spirale*, comme font plusieurs personnes du monde, qui ne font pas initiés dans la Géométrie. La spirale est une courbe plane, c'est-à-dire qu'on peut décrire sur un plan, mais une hélice est une courbe à double courbure, qui ne peut être tracée que sur une surface concave ou convexe.

L'hélice cylindrique est la courbe de l'arête d'une vis, tournant à distance de son axe de la longueur du rayon de la base du cylindre, & d'un mouvement toujours uniforme en deux sens, sçavoir, en circuit, & en montant ou descendant parallélement à lui-même, & en tems égaux ; ce qui produit une double courbure, provenant d'un double mouvement, l'un vertical, l'autre horizontal, tel est celui d'un escalier, tournant autour d'un noyau.

L'hélice conique diffère de celle-ci, en ce qu'elle s'approche ou s'éloigne continuellement de son axe.

Puisque les surfaces de ces deux corps de cylindre & de cône peuvent être développées, il est clair que les hélices qui y peuvent être décrites, sont aussi susceptibles de développement sur une surface plane.

D'où il suit que celles qui seroient tracées sur une surface à double courbure,

comme

comme la fphere & les fphéroïdes, ne pourroient être développées, puifque celles de
ces corps ne peuvent l'être, comme nous
l'avons dit.

Le développement d'un cylindre droit
vers fa bafe, eft, comme l'on fçait, un parallélogramme rectangle, dont la diagonale doit être le développement pour une
révolution d'hélice régulicre, c'eft-à-dire
qui s'éleve d'un mouvement uniforme,
compofé de l'horizontal & du vertical, &
continuer en ligne droite pour une feconde, troifieme, &c. révolution de même mouvement ; ce qui fe préfente affez
à l'imagination pour n'avoir pas befoin
d'autre démonftration, puifque c'eft le ré-
fultat des mouvemens compofés, dont le
principe eft fi fécond dans les mathéma-
tiques.

Il n'en fera pas de même fi le cylindre
étoit fcalene ou droit fur une bafe elliptique, parce qu'alors le mouvement horizontal n'eft pas uniforme, en ce que l'hélice s'écarte plus en certains endroits de
fon axe qu'en d'autres, quoique le vertical
le foit ; d'où il réfulte un développement
en ligne courbe. Par la même raifon, le
développement d'une hélice fur la furface
du cône, développée, ne doit pas être une
ligne droite, puifque le mouvement hori-

zontal se resserre en s'approchant continuellement de l'axe jusqu'au sommet, où
il se réduit à rien ; d'où il résulte une ligne
courbe, parce qu'en divisant ce mouvement en petites parties de trapezes, comme des parallélogrammes de même hauteur & d'inégale largeur, il est clair que
leurs diagonales ne se continuent pas en
ligne droite, mais font un angle, en changeant de direction.

COROLLAIRE.

Puisque le nombre des révolutions autour d'un cylindre dépend du mouvement
vertical, déterminé par l'ouverture de
l'angle de la diagonale, à l'égard d'une face horizontal, il suit que cet angle, pouvant infiniment varier, on peut faire
passer une infinité d'hélices différentes
entre deux points donnés sur le cylindre,
qui feront plus ou moins de révolutions
pour atteindre à la hauteur donnée, comme des vis dont l'intervalle qu'on appelle le
pas, peut être aussi serré ou écarté que l'on
voudra, dont le développement sur la surface du cylindre sera toujours une ligne droite,
s'il est égal : ainsi pour tracer une hélice
sur un cylindre ABED, ayant *dégauchi*
Fig. 181. (en terme de l'Art) les deux diametres
oppofés de la base supérieure AB & de

l'inférieure DE, par le moyen de deux regles paralleles, on tirera de leurs extrêmités A & D & B & E, deux lignes droites sur la surface du cylindre, qui seront telles, parce qu'elles seront les côtés droits du cylindre & ceux du parallélogramme par l'axe ABED : ensuite ayant divisé la hauteur DA en autant de pas qu'on voudra, par exemple, un & demi qui font trois moitiés aux point *f g*, on fera avec du carton ou une lame de plomb ou de ferblanc, un triangle rectangle FE*d* dont EF sera égal au tiers de la hauteur, & le côté E*d* égal à la demi-circonférence de la base du cylindre EID ; puis appliquant le côté EF sur celui du cylindre, & pliant ce triangle sur sa surface convexe ou concave, en sorte que le point *d* du triangle soit appliqué & plié en D, on tracera le long de son hypoténuse, servant de regle, la courbe D*k*F qui sera l'hélice demandée : on portera en second lieu le même panneau en triangle sur le côté opposé AD, à la premiere division *f* & à la seconde *g*, & l'on repliera en sens contraire le même carton ou lame de plomb, avec lequel on tracera le long de son hypoténuse F*g* (qui étoit ci-devant F*d*), la moitié de l'hélice du derriere F*l g*, ainsi de suite, comme la figure le montre ; &

L ij

l'on aura une révolution & demie D F *g* B.
Ce qu'il falloit faire.

Il est clair que cette pratique ne peut
être appliquée au même usage sur un cylindre scalene, non plus que sur un droit,
sur une base élliptique, ni sur une surface
conique, parce que le développement des
hélices en ces cas, n'est pas une ligne droite, comme nous l'avons remarqué ci-devant.
On a déja été préparé à cette connoissance
par les courbes ondées des développemens
des bases des cylindres & cônes scalenes,
que nous avons trouvés par les problêmes
précédens.

Pour tracer ces hélices, il faut tracer
sur les surfaces de ces corps, autant de
côté droits qu'on voudra avoir de point
à chaque révolution, & diviser de même
la hauteur du *pas* donné & monter à
chaque ligne droite d'une de ces divisions,
Fig. 182. & avec une regle pliante fort étroite, appliquée de point en point, on tracera l'hélice demandée sur une surface concave ou
convexe de cylindre ou de cône.

S'il s'agissoit d'en tracer une sur une
surface sphérique, on traceroit des arcs
de méridiens au pole, sur lesquels divisés
en proportion, on monteroit d'une division en passant d'un méridien à l'autre.

USAGE.

La description des hélices tombe assez souvent en pratique, pour la formation des vis, des colonnes torses, & les faux limons en tour creuse des escaliers tournans sur un noyau.

Application des principes de projections horizontales, verticales, & de développement à la pratique des traits de la coupe des pierres.

PROBLEME GENERAL

Pour les voûtes cylindriques & coniques.

Les élévations de deux faces opposées, tracées dans des plans supposés parallelcs entr'eux, & réunies dans le même, par la projection verticale, avec la projection horizontale de leurs intervalles étant données, *trouver la figure de chacune des parties de la surface d'une voûte cylindrique ou conique, réduite en prisme ou en pyramide par des doëles plates, passant par les cordes des arcs des divisions en voussoirs.* (En termes de l'Art) *Une double élévation des faces de devant & de derriere, avec le plan & profil d'une voûte en berceau ou conique, étant donnés, trouver les panneaux de lit de tête & de doële plate.*

Ce problême peut être confidéré comme une folution générale, applicable à toutes fortes de variations de voûtes cylindriques & coniques, comme nous allons le montrer par des exemples particuliers des différens cas qui peuvent tomber en pratique.

1°. S'il s'agit d'un berceau *droit* fur une face verticale, fa direction étant également perpendiculaire fur la face antérieure & la poſtérieure, il eſt évident qu'une feule élévation eſt équivalente à deux.

2°. Si le berceau eſt *biais*, c'eſt-à-dire oblique fur fes faces, égales entr'elles, la double élévation fera tranfportée de droite à gauche d'une diſtance horizontale qui fera égale au finus verfe B V de l'angle du biais D C X = E B V.

Fig. 183. 3°. Si le berceau eſt en defcente fimple, c'eſt-à-dire fans aucune obliquité fur la direction horizontale de fa face, ce qu'on appelle *defcente droite*, la diſtance de l'élévation antérieure au deffus ou au deffous de la poſtérieure fera réglée fur une ligne verticale par la fomme de la hauteur des marches de cette defcente ou montée; ce qui eſt la même chofe.

4°. Si la defcente ou montée eſt *biaife*, elle fera placée à droite ou à gauche à la diſtance de cette déviation, mefurée fur la projection horizontale, depuis le plan vertical, paſſant par l'axe d'un berceau, qui ſeroit ſuppoſé comme le précédent en deſcente droite.

Par où l'on voit que connoiſſant toutes ces différences de poſitions dans l'intervalle horizontal des deux faces, on parviendra auſſi à connoître celles de leurs parties proportionnelles, ſçavoir, à la moitié de la profondeur, la moitié de leurs différences à droite ou à gauche en haut ou en bas.

Ce que nous avons dit des variations des ſituations des voûtes en berceaux cylindriques, s'applique auſſi aux coniques tronquées, comme les voûtes en canonieres, quoiqu'un peu plus difficiles que les ſimples berceaux, comme nous le montrerons plus ſenſiblement par des exemples détaillés : car on peut conſidérer les berceaux comme des cônes, dont les ſommets ſont infiniment loin ; d'où il ſuit que les projections des joints de lit, qui ſont convergentes dans les voûtes coniques, ſont paralleles dans les cylindriques, & que l'exemple d'un trait de conſtruction, formé ſur les premieres, devient beaucoup plus facile dans les ſecondes : c'eſt pourquoi nous choiſirons les plus difficiles pour l'inſtruction.

L iv

PREMIER EXEMPLE.

S'il s'agit d'un berceau horizontal droit fur fa face, il eſt évident que tout ce qui eſt néceſſaire pour former les panneaux d'un vouſſoir, eſt donné, dès qu'on a le plan & l'élévation.

Car 1°. la projection horizontale donne les longueurs des joints de lit, qui ſont parallcles à ceux de la voûte, qu'on ſuppoſe de niveau.

2°. Leur intervalle eſt donnée à l'élévation par les cordes des arcs compris dans les diviſions des joints de tête, ſi le berceau eſt droit, d'où l'on tire la figure de la doële plate en parallélogramme rectangle.

3°. La ſurface des lits eſt donnée pour les longueurs dans le plan, & pour les largeurs dans l'élévation aux joints de tête entre la doële & l'extrados en parallélogramme rectangle.

4°. Les panneaux de tête ſont donnés à l'élévation, leſquels ſont des portions de couronnes de cercle, compriſes entre les deux joints de tête.

SECOND EXEMPLE

Pour une voûte conique droite, complete ou tronquée.

La double élévation & la projection horizontale étant données pour l'appareil d'une voûte conique, tronquée *droite* fur fes faces, on a tout ce qui eft néceffaire pour faire les panneaux des vouffoirs.

1°. Ceux de lit font exactement donnés au plan horizontal en A *a d* D ou en *e* E B *b*, épaiffeur de la voûte à fon impofte, comme il eft clair, fi on la fuppofe uniforme, & quand même elle feroit plus épaiffe aux reins qu'à la clef, il n'y auroit point de changement dans les angles des têtes antérieurs & poftérieurs A *a d* obtus, & D *d a* aigus : la différence ne tomberoit que fur la différence de l'épaiffeur aux reins qui élargiroit le panneau fans l'alonger.

La raifon de cette égalité de furface des lits eft facilement conçue par l'uniformité du mouvement de la génération du cône, par la révolution du triangle rectangle, par l'axe *b* C X tournant fur fon côté X C.

D'où il fuit encore que tous les joints de lit étant égaux à ceux de l'impofte *a d*, *b e* on a la valeur de leurs projections dans

Fig. 2.

le plan horizontal où leur longueur est
toujours raccourcie, parce que ces joints
de lit ne font pas en situation horizontale, comme à la projection, mais inclinés
à l'horizon de plus en plus, à mesure qu'ils
approchent de la clef.

2°. Parce que tous les panneaux de doële
plate seront égaux entr'eux, & à celui de
la clef, on peut en trouver les mesures
& la figure par le moyen des cordes des
deux élévations divisées proportionnellement en voussoirs, comme il suit. Ayant
tiré deux lignes indéfinies perpendiculaires l'une à l'autre comme M S, N *n* on
portera la longueur d'un joint de lit pris
en *a d* du plan sur M *s* en *m*, par où on menera *r* R parallele à N *n*, ensuite des points
M & *m* on portera de part & d'autre la
demi-largeur d'une corde de l'axe *d* 1, de
la division du cintre de face & de celui de
derriere G 5, dont on a les élévations *d h e*,
& G H *g*; de M en *d* & en 1 sur N *n* & en
G & en 5 sur *r* R, & par les points trouvés on tirera les lignes *d* G & 1. 5, qui ter-
mineront le trapeze G 5. 1 *d* qui sera le
panneau de la doële plate d'un voussoir,
qui servira pour tous, si la division est faite
en parties égales.

3°. Les panneaux des têtes antérieures
& postérieures font donnés aux deux élé-

vations, comprenant une portion de couronne de cercle chacun, comme D *d* 1. 3, & les suivans 3. 1 ; 2. 4. sur le devant, & F G 5 1 & 1. 5. 6. 2 sur le derriere.

Nous ne parlons point des panneaux d'extrados qui sont de peu d'usage, parce qu'ils sont rarement apparens, & qu'étant convexes & terminés par deux arcs de cercles mis dans leurs positions relatives, on peut, s'il falloit les former, abattre la pierre entre les deux arcs des têtes, à la regle posée de l'une à l'autre, suivant la direction de la voûte, c'est-à-dire de l'axe qu'on y doit supposer, au sommet duquel S tous les côtés du cône doivent tendre en ligne droite ; ce qui se fait en posant la regle proportionnellement sur les deux arcs de tête qui sont inégaux, sçavoir du milieu du grand au milieu du petit, du tiers de l'un au tiers de l'autre, ainsi du reste, en sorte que la regle ne soit pas parallele à la tête du joint de lit, mais concourant au même sommet S du cône ; car pour peu quelle fût inclinée, elle tomberoit sur la convexité d'une section hyperbolique, à laquelle une regle droite ne peut être adoptée.

TROISIEME EXEMPLE

Pour les voûtes biaises cylindriques.

Les mêmes projections verticales des élé-vations antérieures & postérieures raſſem-blées dans leurs poſitions reſpectives, & l'horizontale des joints de lits étant don-nées, on aura facilement tout ce qui eſt néceſſaire pour faire les panneaux ou mo-deles des ſurfaces planes qui enveloppent un vouſſoir quelconque, leſquelles ſe ré-duiſent à cinq, ne comptant pas l'extra-dos qui eſt rarement vu ; 1°. ſçavoir la doële plate, 2°. deux lits de deſſus & de deſſous, & deux têtes portions des faces antérieures & poſtérieures.

1°. Les longueurs des joints de lit ſont toutes données étant paralleles & égales, en œuvre, & au plan horizontal, parce qu'on ſuppoſe la voûte de niveau par ſes impoſtes.

2°. Les cordes des diviſions des arcs de face B 1, 1, 2, &c. ſont auſſi données dans les élévations ; on a donc déja deux côtés des panneaux de doële, avec leſquels on pourroit former les parallélogrammes qui ſont les modeles des doëles plates, ſi le berceau étoit droit, parce que leurs angles ſeroient auſſi droits ; mais à cauſe de l'o-

Fig. 183.

bliquité de fa direction, aucun d'eux n'eft rectangle, ni également obliquangle, les uns plus les autres moins, fuivant leur obliquité à l'horizon ; de forte que le plus oblique de tous eft celui de la clef, parce que la corde *f* 3 étant de niveau, elle eft parallele à la projection horizontale. D'où il fuit que le panneau de cette clef *y* eft donné dans toutes fes mefures *k l n p*, dont les angles obtus & aigus font égaux à ceux de la direction du berceau C X, fur fes faces B *d*, E D.

Il n'en eft pas de même des autres panneaux de doële, il faut chercher cette obliquité qu'on trouve par une maniere fort fimple ; il ne s'agit que de tirer une perpendiculaire de l'extrêmité d'une des projections des joints de lit à l'autre, comme pour la feconde doële de *p* en R : la diftance P R étant horizontale eft donnée dans la mefure : ainfi dans le triangle rectangle P R *p*, on a deux côtés donnés P R, & la corde de tête 1. 2 ou *ef*, qui eft la valeur de la projection P *p*, & l'angle droit P R *p* : on aura donc l'angle *p* P R que l'on cherche en pofant à volonté un angle droit *o* R *y* à part, & prenant R *o* égal à R P, & avec le compas ouvert de l'intervalle de la corde *ef* ou 1. 2 & pofé au point *o* pour centre, on fera un arc en 2 *y* qui coupera la perpendiculaire en *y*, d'où par le point *o* on tirera *oy* qui fera la valeur de la projection P*p* : ainfi l'angle *y*oR eft celui de l'obliquité de la tête du fecond panneau de doële plate.

Il eft clair que pour avoir celui de la premiere, on doit tirer du point P une perpendiculaire P*r* fur E*b* & opérer de même, & on aura un agle plus ouvert que *yo*, parce que le côté *b r* étant plus petit que PR, & l'hypoténufe étant la même que dans le triangle précédent, l'angle qui lui fera oppofé fera plus petit : par conféquent fon complément fera plus grand. Ce qu'il falloit démontrer.

On voit qu'il en fera de même des furfaces des lits, mais dans un fens contraire, c'eft-à-dire que le parallélogramme le plus oblique qui en doit faire le panneau, eft celui de l'impofte *abE g*, & que les fuivans approchent de plus en plus du droit, parce qu'au contraire des doëles, leur projection fe rétrecit en montant, en forte que s'il y avoit un lit au milieu de la clef, il feroit rectangle, comme nous l'avons démontré ci-devant, en parlant des points de ftation du développement du contour des bafes des cylindres fcalenes. Au refte, leur obliquité fe trouvera, comme nous venons de l'enfeigner pour les doëles, par

exemple le premier lit eſt celui de l'impoſte dans ſes meſures au plan horizontal
$abEg$: pour avoir le ſecond, paſſant par
la tête 1. 5, dont la projection de l'extrados tombe en p^5, on tirera par ce point
une parallele à bE, qui eſt le joint de lit
commun à la premiere doële, & l'on tire-
ra $P\zeta$ ſur $p^5\iota$, qui donnera la ligne $p^5\zeta$
pour un côté du triangle rectangle à for-
mer, & le joint de tête pris ſur l'élévation,
pour l'hypoténuſe qui ſera le rayon pour
l'arc bv qui coupera ζv en v ; l'angle $vp^5\zeta$
ſera celui de l'obliquité du lit de deſſus
du premier vouſſoir, qu'il falloit trouver ;
ainſi des autres.

   On peut remarquer que la double face
projettée ſur un même plan, n'étoit pas
ici néceſſaire, à cauſe de l'égalité & uniformité de l'antérieure avec la poſtérieure ;
mais il n'en eſt pas de même aux voûtes
coniques biaiſes dont nous allons parler :
il faut y appliquer la pratique générale de
l'énoncé du problême dont nous allons
donner un exemple qui y ſervira d'introduction.

   Cependant pour faire l'application de
l'énoncé du problême à toutes ſortes de
voûtes, ſi l'on veut, en ſe ſervant de la
double élévation projettée ſur une ſurface
verticale, on trouvera d'une autre maniere

l'obliquité des parallélogrammes des lits
& des doëles.

Suppofant par exemple, qu'on cherche
celle du premier lit, dont la projection verticale eft le parallélogramme 5 *me* I; on
prolongera le joint de tête *em* de la face
poftérieure indéfiniment vers T: enfuite
des extrêmités du joint de tête de la face
antérieure correfpondant 1. 5, on abaiffera des perpendiculaires fur la ligne *e* T,
qui la couperont aux points *t* & T. On portera cette ligne à part, comme à la fig.
186, avec fes divifions *m t* T, puis par les
derniers *t* & T, on lui menera des perpendiculaires indéfinies, & avec le compas ouvert de l'intervalle d'un des joints de lits
donné à la projection qui font tous égaux,
on pofera une des pointes en *e* pour centre,
& avec l'autre on fera une arc de cercle qui
coupera *t* 1 au point N, & faifant de la
même ouverture & du point *m* pour centre un fecond arc qui coupera T 5 en M,
fi l'on tire les lignes N E, M *m*, on aura la
furface du premier lit dont la projection
verticale eft 1. 5 *me* de la fig. 183.

La démonftration en eft fenfible en ce
que la ligne *e* T étant dans un plan vertical, parallele à celui de l'élévation antérieure, elle n'eft point raccourcie, non plus
que fes divifions *m t* T : en fecond lieu, les
joints

joints de lit étant auſſi dans un plan horizontal, parallele à ceux qui ſont en œuvre, le berceau étant de niveau, on a dans
les triangles *e t* N, *m* T M rectangles en *t* &
T, deux côtés & un angle ; ſçavoir *e t* &
m T & *e* N, *m* M ; donc on a auſſi l'angle
t e N complément de *t* N *e* ou ſon ſupplément à deux droits *e* N M, qui ſont ceux
de l'obliquité de la ſurface du lit demandé.

Par la même pratique on trouvera auſſi
celle des parallélogrammes qui ſont les
modeles des doëles plates, d'une maniere
différente de celle que nous avons donnée,
par exemple, pour la ſeconde dont la projection verticale eſt le parallélogramme *z*
f e 1. On prolongera la corde F *e* indéfiniment vers *x* & des points 1 & 2, on lui
menera des perpendiculaires qui la couperont en *x* , *y*.

On portera enſuite la ligne *f x* à part,
avec ſes diviſions *e* , *y* & *x* : puis ayant
élevé des points *x* & *y*, des perpendiculaires indéfinies *x* V, *y u*, des points *f* & *e*
pour centres, & de la longueur d'un des
joints de lits donnés au plan, on fera des
arcs V S, *u s* qui couperont ces perpendiculaires aux points V & *u*, ſi par ces points
& *f* & *e*, on fait le parallélogramme V *u*,
f e, on aura la ſurface du panneau de
doële plate, qu'on cherche par les mêmes

raiſons que nous venons de donner, pour celle du lit, parce que dans les triangles rectangles fxV, eyu, on a deux côtés donnés, ſçavoir fx & ey, ſur l'élévation, eu & fV dans la projecton horizontal ; par conſéquent l'angle aigu Vfe ou l'obtus, ſont ſupplément à deux droits fuV qui ſont ceux de l'obliquité que donne la direction biaiſe du berceau ſur ſes faces antérieures & poſtérieures ; car il eſt évident que les lignes fx & efy, ſont les différences des directions droites Vx & uy de ces faces paralleles, entre elles ſuivant la ſupoſition.

QUATRIEME EXEMPLE,

Pour les voûtes coniques ſcalenes ; telle eſt à double obliquité une deſcente biaiſe ébraſée en canoniere.

Soit le trapeze A B E D le plan horizontal d'une voûte conique tronquée rampante, c'eſt-à-dire, dont l'axe eſt incliné à l'horizon, en montée ou en deſcente, de la hauteur Br, perpendiculaire ſur de, diametre de la face poſtérieure dhe, & aHb la face antérieure, plus élevée, dont la projection horizontale eſt la ligne A B.

Soient auſſi ces deux faces projettées ſur un même plan vertical D A H B E, où l'o

bliquité de l'axe, à leur égard, est exprimée par la projection *c* C.

Ayant fait les projections horizontales p^1
$q^5 p^2 q^6$ des joints de lit, à l'ordinaire, par les
retombées des divisions des arcs inégaux de
ces deux faces, on reconnoîtra qu'elles
font toutes racourcies, parce qu'on fuppofe
qu'elle doivent être dans un plan incliné
à l'horizon fuivant un profil A H S qui eft
la pente du plan de la defcente A *c* S, &
comme toutes ces projections horizontales des joints de lit font de longueurs inégales, puifqu'elles font inégalement inclinées entre les deux paralleles A B, D E,
& cependant qu'elles doivent être dans le
plan de defcente; il faut, pour avoir leur
véritables longueurs, les chercher chacune par un profil qui ait la hauteur commune *br*, pofée perpendiculairement à
leur extrêmité fur le plan de la projection
horizontale.

Mais ces longueurs ne donneront pas
celles de joints de lit, comme aux berceaux,
parce que la voûte étant conique, eft plus
inclinée au plan de la *defcente vers* la petite
face, qu'à la plus grande, excepté aux impoftes, où les joints de lit font dans cette
defcente comme A'D, B'E, à l'extrados, & leurs correfpondans fur *ad* & *be*
à la doële; de forte qu'il faut chercher la

Fig. 188.

M ij

valeur des autres joints de lit par des profils particuliers, lesquels étant trouvés, fourniront le moyen de former les panneaux de lit & de *doële plate*, auxquels ils font communs à la doële ; ainſi ayant prolongé l'horizontal ED, à volonté en O, on y élevera une perpendiculaire O 5^1 égale à la hauteur $5.p^5$, de la retombée de la premiere diviſion 5, du ceintre de la face poſtérieure *d h e*, & ayant pris la longueur de la projection horizontale du premier joint de lit $p^1 q^5$, on la portera ſur la baſe du profil en OR, où l'on élevera la perpendiculaire R 1^c, égale à la hauteur P 1, du point 1 de la diviſion du grand ceintre de face, ſur l'horizontale OE, & l'on tirera la ligne incliné 5^i, 1^c qui ſera la véritable longueur du premier joint de lit, dont la projection verticale ſur l'élévation eſt la ligne 1, 5.

On trouvera de la même maniere la valeur du ſecond joint de lit, dont la projection verticale eſt 6.2, & l'horizontale $q^6 p^2$; laquelle derniere ſera portée au profil du point O en Q : & les hauteurs antérieures Q 2^c, & poſtérieures O 6^1 donneront les points 6^i, 2^c, par lesquels ayant tiré une ligne, on aura la valeur du ſecond joint de lit égale à celui de la voûte , en ſes meſures qui étoient raccourcies dans les deux projections verticale & horizontale.

On cherchera de même les deux autres joints de lit par leurs projections horizontales q^7. p^3 ; q^8. p^4, qui sont encore inégaux entr'eux ; mais dont nous ne mettons pas ici les profils, pour éviter la confusion dans la figure : ces longueurs de joint de lit étant trouvées, on s'en servira pour former les panneaux ou modeles des lits, & ensuite des doëles qui sont encore tous inégaux en étendue & en obliquité de leurs angles.

Premiérement pour les panneaux des lits qui sont des parallélogrammes, si la voûte est d'épaisseur uniforme, on prolongera sur l'élévation, les joints de tête du petit ceintre $5 n^1$ en n indéfiniment pour le premier joint de lit, & des points 1 & 1^x des joints de tête du grand ceintre, on abaissera sur la ligne 5^n, deux perpendiculaires $1.0, 1^x n$, qui la couperont aux point o & n.

Fig. 187.

On portera ensuite où l'on voudra à part, la ligne 5^n comme à la figure 190, en N 5 avec ses divisions O & n^1 ; puis ayant élevé aux points N & O des perpendiculaires indéfinies N 1^x, o 1, on prendra, avec le compas, la longueur du premier joint de lit au profil $5^i 1^e$, & des points 5 & n^1 de la figure 189, comme centres,

on fera des arcs de cercle qui couperont,
l'un la ligne O 1e, l'autre N 1^x aux points
1e 1^x, par lesquels ayant tiré les lignes 1^x,
n 1, 1e 5, & la ligne 1^x 1e, on aura le parallélogramme 1^x 1e 5 n 1, qui fera la furface du premier lit, paffant par les divifions
5 & 1 des deux ceintres de face à la doële.

On trouvera à peu près de même les furfaces des doëles plates, qui ne feront pas
des parallélogrammes, mais des trapézoï-
des inégaux, plus larges par un bout que
par l'autre, dont les côtés feront auffi
inégaux entr'eux, mais les longs feront
égaux à ceux des lits trouvés par le profil ci-devant.

La maniere d'y parvenir eft tellement
femblable à celle que nous avons donnée, que nous pourrions y renvoyer le
Lecteur ; mais comme cette pratique n'eft
pas l'ordinaire, il a paru bon d'en répéter
l'exemple pour la premiere & la feconde
doële plate, dont les projections verticales font les quadrilateres ad 5.1, & 1.
5. 6. 2 pour la feconde que nous allons
chercher.

Ayant prolongé la corde du fecond panneau de tête 5. 6 de part & d'autre en
V & u indéfiniment, on abaiffera fur cette ligne des points 1 & 2 du grand ceintre,
les perpendiculaires 1 V, 2 u, qui couperont.

la corde du petit prolongée, aux points V & *u*.

On portera enfuite à part comme à la figure 190, la ligne V *u* avec fes divifions 5. 6, & l'on élevera fur les points V & *u* des perpendiculaires indéfinies V 1ᵉ, *u* 2ᵉ ; enfuite ayant pris au profil de la 1ʳᵉ figure 187, la longueur du joint de lit 5. 1ᵉ : on fera de cet intervalle pour rayon, & du point 5 pour centre, un arc qui coupera la perpendiculaire V 1ᵉ au point *x*, & du point 6 pour centre, & la longueur de joint de lit 6ⁱ 2ᵉ du profil, on fera un arc qui coupera la perpendiculaire *u* 2ᵉ au point *y* : le trapeze 5 *x y* 6 fera la furface du fecond panneau de la doële plate, demandé.

Le premier aura pour côté, à l'impofte, la longueur Aˢ D, & fon oppofé fera le même que 5 *x* qui eft commun aux deux doëles.

Les autres de l'autre côté de la clef fe trouveront par la même méthode tous inégaux, à caufe de la double obliquité du demi-cône tronqué fur la direction horizontale de fon axe en *biais*, & fon inclinaifon en *defcente*.

S'il y avoit une 3ᵉ obliquité de talud ou de furplomb, on en trouveroit auffi de même les joints de lits qui feroient racourcis ou ralongés, à la projection horizontale par la projection, horizontale auffi, de la face inclinée qui feroit une ellipfe, comme nous l'avons dit, qui feroit infcrite dans le trapeze ABED, en cas de talud, en FTB, ou ajouté au dehors en cas de furplomb; ce qui alongeroit ou racourciroit les joints de lits d'une quantité horizontale dont on trouveroit la valeur par le profil à ajouter ou à fouftraire de ceux de la voûte fuppofée entre deux faces à plomb , comme celle dont nous avons donné l'exemple $p^2 t$ en Rt, qui donneroit $T2^e$ de moins de longueur au fecond joint de lit qui feroit réduit à celle de $6^i T$ du même profil.

D'où il fuit que le côté 62e de la doële plate, feroit auffi racourci d'une quantité égale zy, ainfi de l'autre côté; ce qui eft facile à comprendre , qui feroit un peu long à d'étailler & exigeroit une figure de plus , pour montrer la différence des furfaces des panneaux de lit & de doële plate; ce qu'on peut concevoir par ce que nous avons dit ci-devant des moyens de profiler par les voies de circonfcription ou d'infcription de figures régulieres aux irrégulieres.

Pour démontrer les raifons des inégalités des angles des têtes des doëles plates, il n'y a qu'à jetter les yeux fur les courbes ondées que produifent à la bafe d'un

cône fcalene, les développemens relatifs
à différentes obliquités, dont les divifions
des têtes de nos vouffoirs en doëles plates, font des cordes, qui fuivent la nature des parties concaves ou convexes de
ces courbes de développement, & leurs
points de *flations* & *d'inflections*, lefquelles
étant cependant appliquées fur la furface
plane de la bafe du cône, s'y adaptent de
maniere que toutes ces ondulations s'éva-
nouiffent, fe changeant au contour régulier d'un cerle plan, & nos cordes de tête en un polygone infcrit dans ce cercle.

Ce que nous difons ici de nos voûtes
coniques, convient auffi aux cylindriques fcalenes, dont le développement des
contours de leurs bafes, eft de même des
courbes ondées : en effet, ce doit être dans
le fonds, la même courbe, fi l'on veut confidérer un cylindre comme un cône dont
le fommet eft infiniment loin ; c'eft pourquoi les angles & les têtes des furfaces des
doëles plates, font les unes faillantes &
les autres rentrantes ; fçavoir, faillantes
pour former la partie convexe de la
courbe, & rentrantes pour la concave.

Nous avons rendu raifon dans l'exemple précédent de l'ufage de la double élévation des furfaces antérieures & poftérieures pour les berceaux ; c'eft auffi la

même pour les voûtes coniques, comme on a pu le remarquer.

Nous allons encore donner un problême général, pour parvenir aux mêmes fins par un autre moyen.

AUTRE PROBLEME GENERAL,

~~Pour la~~ formation des panneaux des vouſſoirs de toutes ſortes de voûtes, réduits en ſurfaces planes.

La projection horizontale d'un polyëdre quelconque, & les verticales de ſes faces étant données, trouver la figure de toutes les ſurfaces dont il eſt enveloppé (*ou en terme de l'Art,* pour notre ſujet), *le plan horizontal & les élévations des faces des voûtes étant données, trouver les panneaux de tête de lit & de doële plate, de toutes ſortes de figures dont elles peuvent être régulieres ou irrégulieres.*

Dans le problême précédent, nous avons réduit les cônes en pyramides, & les cylindres en priſmes, d'autant de côtés qu'on a voulu de rangs de vouſſoirs, aux doëles plates, pour la facilité de l'exécution des voûtes, quoiqu'il y ait d'autres manieres par leſquelles on peut former immédiatement des ſurfaces concaves & convexes; la nature de ces deux eſpeces de corps

fourniſſant des lignes droites , lorſqu'on
les coupe de certaines façons ; ſçavoir,
les cylindres, parallélement à leurs axes,
& les cônes par leurs axes, de ſorte qu'on
en peut former des parties à la regle, quoiqu'en ſurfaces rondes ou creuſes.

Il n'en eſt pas de même des ſurfaces
concaves ou convexes, à double courbure ; par exemple, l'une en direction horizontale, l'autre en verticale, comme ſont
toutes celles des ſpheres, ſpheroïdes annu-
laires hélicoïdes, & d'autres irrégulieres
que l'on diviſe en vouſſoirs, par des ſections, tantôt planes, tantôt coniques, qui
ſe croiſent & forment des quadrilateres,
compris par des lignes courbes (ordinairement concaves) pour la formation des
doëles, & quelquefois auſſi convexes, dans
certaines parties : telles ſont celles des voûtes ſur le noyau, depuis la clef juſqu'à ce
noyau, quoique l'autre côté de la clef ſoit
concave.

D'où il réſulte que tout étant courbe ;
on ne peut ſe ſervir de la regle, qui eſt le
premier de tous les inſtrumens, pour la
formation des ſurfaces ſur une pierre brute ; c'eſt pourquoi on eſt forcé de ſuppoſer ces corps ronds inſcrits dans des po-
lyëdres, enveloppés de ſurfaces planes,
les uns quadrilateres, lorſque les vouſſoirs

coupés dans ces corps, suivant certaines directions, peuvent avoir leurs quatre angles de la doële dans un même plan, comme lorsqu'une sphere est coupée dans un sens, par son axe, & dans le transversal perpendiculairement à ce même axe : mais il est d'autres corps ronds où les sections qui se croisent ne fournissent pas le même avantage, en sorte qu'un des quatre angles du voussoir, n'est pas dans le même plan que les trois autres ; alors il faut que le polyëdre soit enveloppé de triangles qui peuvent toujours s'appliquer à trois angles, comme il est démontré dans les Elémens de Géométrie : de sorte qu'il faut réduire ces corps à l'inscription d'un polyëdre de surfaces planes triangulaires, qui sont les plus simples de toutes, & leur derniere réduction, suivant ce principe. Tout l'art de notre problême consiste à *décomposer les surfaces des polygones résultans des projections horizontales & verticales, quadrilateres ou autres, par des diagonales qui les réduisent en triangles*, & comme les verticales, à l'égard des horizontales, forment toujours des angles droits, la plûpart de ces triangles sont rectangles, formés par les hauteurs à plomb, tombant sur le niveau du plan par les divisions des arcs, réelles ou supposées pour la facilité de

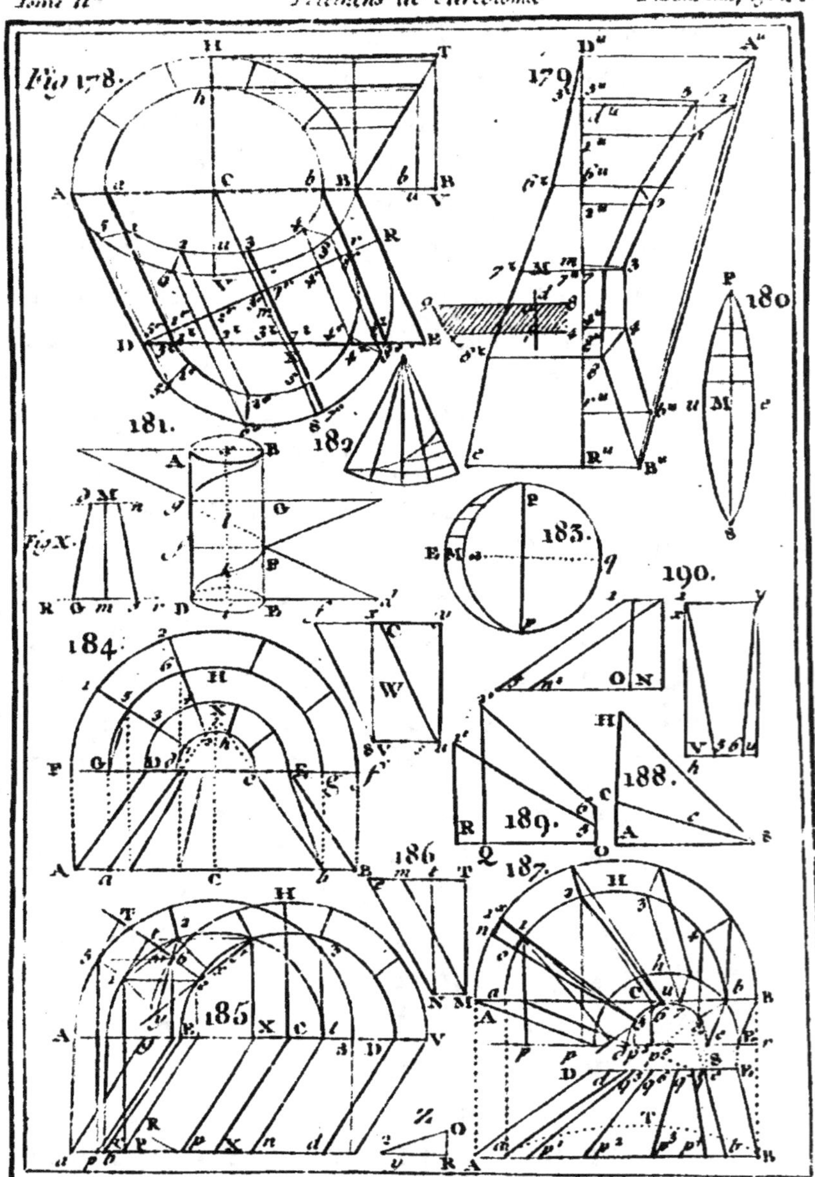
Fig. 178.
179.
180.
181.
Fig. X.
182.
183.
190.
184.
188.
189.
185.
186.
187.

l'exécution ; ce qu'on va expliquer fenfiblement par les exemples fuivans.

PREMIER EXEMPLE,

*Pour la formation des lits & doëles plates
d'un berceau droit ou biais.*

Soit A B D E, la projection horizontale
d'un berceau *biais* faite, comme il a été
dit ci-devant, relativement aux divifions
de fon ceintre de face A H B, dont on
cherche les panneaux des vouffoirs.

Premiérement pour ceux de doële plate,
par exemple, le premier dont la projection horizontale eft le parallélogramme
agie, ayant prolongé B A en F, on y portera la longueur de la diagonale *ai*, tirée
d'un des angles *a* à fon oppofé *i* ; fur le
point A, ayant élevé une perpendiculaire
A *h*, on y portera la hauteur de la retombée *g* 1, du premier joint de tête 1 : 5, à la
doële 1 ; & l'on tirera la ligne F *h* qui fera
la valeur de la diagonale horizontale *ai*
de la projection qui étoit raccourcie au
plan, parce qu'elle eft inclinée à l'horizon, fuppofant le berceau de niveau ; on
portera cette diagonale à part où l'on voudra, par exemple, au deffus en *fh*, & des
points *f* & *h* comme centres, & les longueurs *ac* pour rayon, qui eft la projec-

Fig. 191.

Fig. 192.

tion du joint de lit; on décrira des arcs
de cercles vers *a* & vers 1 & des mêmes
points, pour centres, & la corde *a* 1, pour
rayons, on en d'écrira d'autres, qui couperont les précédens aux points *a* en bas,
& 1 en haut ; les lignes tirées par ces points
de l'un à l'autre, formeront le parallélogramme obliquangle *f* 1 *h a*, qui sera le modele de la surface de la doële plate du premier rang de voussoirs au dessus de l'imposte.

De la même maniere, on formera la seconde au dessus, dont la projection est le
parallélogramme *g o k i*, en portant à part
la diagonale *g k* ou *o i* en *g* K; on élevera
sur le point K une perpendiculaire K 2,
Fig. 193. égale à la différence des hauteurs *g* 1, o 2,
qui est G 2, la ligne inclinée *g* 2, est la
valeur de la diagonale *g k* de la projection raccourcie, comme nous l'avons dit
de la précédente. Cette valeur étant trou-
vée, on fera des deux extrêmités pour
centre, & de la longueur d'un des joints
de lit, qui sont tous égaux, des arcs au dessus
& au dessous de cette ligne, & des mêmes
centres, & avec la corde 1. 2 pour rayon,
d'autres arcs qui couperont les précédens
aux points *i* & *o*: le parallélogramme *g* 1,
2, o sera la seconde doële; ainsi des autres, excepté que la 3e à la clef *o p n k*,

eſt donnée dans ſes meſures à la projection, parce que ſes cordes, 2. 3, & ſon
oppoſé à l'autre face, ſont de niveau, par
conſéquent paralleles & égales à *o p*, *n k*.

Il faut préſentement trouver la valeur
du lit paſſant, par exemple, par le joint
de tête 3. 7, dont la projection eſt le parallélogramme *pqsn*. Ayant tiré la diagonale *ps*, on en cherchera la valeur,
comme nous l'avons fait pour les doëles,
portant à part cette diagonale en P S ; au *Fig.* 194
point S on élevera une perpendiculaire S7
qu'on fera égale à différence des hauteurs
des points 3 & 7, qui eſt ici Q7 ; puis
des points P & 7 pour centres, & de la
longueur de la projection d'un des joints
de lits *pn* pour rayon, ou tout autre,
puiſqu'ils ſont égaux, on fera des arcs de
cercles deſſus & deſſous, en bas vers 3,
& en haut vers *q*, qui couperont les précédens en 3 & en *q*, le parallélogramme
p 3 7 q ſera le modele du lit, paſſant par le
joint de tête 3. 7. CQFT.

Ainſi on a tous les panneaux des vouſſoirs, ſçavoir ceux de *doële*, par la premiere partie de cette conſtruction ; ceux
de lit par la préſente, & ceux de tête qui
ſont dans toutes leurs meſures à l'élévation, aux portions de couronnes de cercles A5. 1*a*, 5. 6. 2. 1, &c.

Nousavons fuppofé le berceau biais également fur fes faces de devant & de derriere; mais s'il l'étoit inégalement, enforte que ces faces ne fuffent pas paralleles
entr'elles, foit en directions verticales, inclinées différemment à l'axe, ou en inclinaifon à l'égard de l'horizon, on pourra
toujours fe fervir du même moyen, obfervant 1°. fuivant ce que nous avons dit
ci-devant, qu'alors les ceintres des deux
faces feront de courbes inégales entr'elles,
fçavoir, l'une *circulaire*, l'autre *elliptique*.

2°. Que les longueurs des joints de lits
feront auffi inégales entr'elles, de forte
qu'il faudra prendre ceux qui font pro-
duits par chaque à-plomb des divifions du
ceintre; mais on aura toujours l'avantage
de les avoir de leur véritable longueur fur
la projection horizontale, tant qu'on fuppofera la voûte de niveau.

Ainfi fuppofant le berceau A B D E biais
par fes deux faces, & que l'on ait pris pour
ceintre primitif celui de la face A B circulaire, que nous tranfportons en E F pour
éviter la confufion des lignes qui fe croife-
roient avec la projection horizontale des
joints de lit.

Fig. 195. laire,

On le divifera à l'ordinaire en fes vouffoirs aux points 1, 2, 3, 4, d'où on tirera
les joints de tête 1.5, 2.6, & l'on en fera
la

la projection comme dans l'exemple précédent; mais comme la face ED n'est pas parallele à AB, son ceintre sera elliptique, parce que c'est un demi-cylindre scalene, coupé obliquement à sa base, & comme le diametre ED est plus court que EF ou AB son égal, & la hauteur de la clef mS égale à Ch, il suit que le ceintre secondaire esd sera surhaussé elliptique, comme nous l'avons dit ci-devant. Il est clair que si on avoit pris ED pour diametre du ceintre primitif circulaire, le contraire arriveroit, le ceintre secondaire EHF deviendroit surbaissé.

De quelque façon qu'il en soit, la projection horizontale des joints de lits du ceintre primitif étant faite, on opérera de la même maniere que dans l'exemple précédent, en tirant des diagonales aux projections des doëles, comme pl à la seconde de la gauche, ou np^4 à la seconde de la droite $no p^4 p^3$. La seule différence qu'il y aura, c'est que les doëles plates étoient des parallélogrammes obliquangles, & qu'ici ce sont des trapezes qui n'ont que deux côtés paralleles, comme on le voit à la figure 196. 4. 3. $n. o.$

Il est clair qu'on peut trouver de même les panneaux des lits, par le moyen des diagonales dont on cherche la valeur, com-

me on a fait pour la doële; mais il y a u.
autre moyen plus simple, c'est de tirer,
par exemple , du point *p* projection du
premier lit à la doële, une perpendiculaire *pr* sur la projection *iu* du même, à
l'extrados , puis porter à part la ligne
iu avec ses divisions, élever au point R
une perpendiculaire indéfinie, du point
u comme centre , & pour rayon le joint
de lit 1, 5 décrire un arc qui coupe la perpendiculaire en P , par où tirant une parallele à *iu* égale à la projection *pk* de
la doële, le trapeze *iupk* sera la surface
demandée.

DEUXIEME EXEMPLE
du même Problême,

Pour un berceau de double obliquité biais
& talud.

Suppofant la projection horizontale faite suivant les regles qu'on a donné ci-devant,
foit ABDE un berceau biais dont la face fur ED est inclinée en talud, le profil donné BT qui s'écarte de la verticale
VB, de la quantité VT à la hauteur de
la clef H à l'extrados, & *ut* à la doële.

On portera ces longueurs VT & *ut*,
fur la perpendiculaire BP à la face ED
prolongée en P*f* & P*g*, & par les points

f & *g*, on menera des paralleles à E D qui couperont la ligne du milieu (X aux points M & N, qui donneront les projections du sommet de la clef en talud à l'extrados M & à la doële N. On portera de même les écartemens du talud des autres joints de tête, comme R S provenant du point 8° & *rs* provenant du point 4°; fur 'a même *p* B, & par les points S & *s*, on tirera des paralleles à D E qui couperont les projections *q* 1 & Q 4 aux points 1 & 4, 5 & 8; & par les points trouvés E 5, M 8 D, on tracera la projection de l'ellipse de la face en talud à l'extrados & *e* 1 N 4 *d* à la doële, laquelle (en élévation) est la ponctuée E Y D & *eyd* ; car quoique fon diametre E D foit parallele à celui du ceintre primitif A B, fon autre demi-diametre X Y conjugué, n'est pas égal au rayon C H de ce ceintre, mais plus grand parce qu'il est l'hypoténufe du triangle rectangle V B T ; mais il faut obferver que cette élévation nous est inclinée pour la formation des panneaux de lit, & de doële par diagonales dont il est ici queftion, comme on le verra.

Cette projection étant faite exactement & avant tiré les diagonales (par exemple), pour la feconde doële 1. *q*. 0. 2, fçavoir, 0. 1 & *q* 2 ; il s'agit d'en trouver la valeur.

Ayant tiré par le premier joint de tête 1° une horizontale L *l* qui coupera la vertical 2° *o* au point *z*, on portera la diagonale *o* 1 de la projection en *z* G, d'où l'on tirera au point 2° la ligne G *z* qui sera la valeur que l'on cherche, avec laquelle on fera un triangle à part, dont les trois côtés sont donnés, sçavoir, *g* 2 trouvé, *q* 1 donné à la projection horizontale, & *p* 2° corde de l'arc de face ; puis faisant par le point 2° une parallele à *g* 1° égale à la longueur *o* 2, on aura le trapeze *g* 2 2°, qu'*il falloit trouver*, qui est la valeur de celui de la projection 1. *q*. 0. 2.

Il est visible qu'il est indifférent laquelle des deux diagonales on choisisse, & qu'il n'est pas nécessaire d'en employer deux dans les panneaux des voûtes en berceau, parce que les joints de lit y sont toujours paralleles entr'eux, quoique d'inégale longueur, occasionné, ou par le biais, ou par le talud, ou par la descente.

Il n'en est pas de même pour les doëles plates des voûtes coniques ou sphériques, dont les joints de lit sont convergens ; il faut alors faire usage des deux diagonales, si une seule ne partage pas également le trapeze en deux triangles égaux, comme il arrive par les irrégularités qu'occasionnent les biais, les taluds ou les descentes.

A l'égard des panneaux des lits, lorſ-que les voûtes ſont d'égale épaiſſeur, il eſt clair qu'une ſeule diagonale ſuffit parce qu'un des côtés des joints étant placé, on peut trouver l'autre par une parallele dont la longueur ſera donnée ſur la pro-jection horizontale ou ſur un profil, & s'ils ſont terminés par des côtés curvili-gues, les cordes de ces arcs ſeront toujours paralleles de la doële à l'extrados.

Suivant ce que nous venons de dire, on aura les panneaux de doële plate & de lit, & par les élévations les panneaux de tête, ce qui ſuffit ordinairement, parçe que l'on n'a pas beſoin de panneau pour les extrados qu'on façonne rarement, & com-me ils ſont convexes, on ne peut y appli-quer de ſurface plane pour modele ; au lieu de panneau on ſe ſert de cercle.

TROISIEME EXEMPLE D'OBLIQUITÉ.

Berceau biais & en deſcente.

Dans les cas précédens, la projection horizontale a donné les meſures exactes des joints de lit, qui ſont également né-ceſſaires pour la formation des panneaux de doële plate & de ceux des lits, parce qu'on y a ſuppoſé des berceaux, dont les impoſtes ſont de niveau, & par conſé-

quent les joints de lit qui leur font paralleles, en œuvre, à des hauteurs différentes, font égaux exactement à leur projection horizontale, comme nous l'avons
dit & démontré ci-devant, quoique inégaux entr'eux, par des obliquités ou des
taluds, c'eft-à-dire à leur correfpondans à
chaque divifion du ceintre.

Il n'en eft pas de même dans les projections de berceau en defcente; comme ils
font inclinés à l'horifon, leurs joints de lit,
en œuvre, font toujours plus longs qu'à
leur projection, dans le rapport de l'angle d'inclinaifon, comme une hypoténufe,
à l'égard d'un des côtés d'un triangle rectangle; ce qui arrive auffi dans la projection verticale d'une face oblique à la direction du berceau, c'eft-à-dire biaife;
de forte que ni l'une ni l'autre de ces
projections ne peut fournir les mefures
des joints de lit, puifqu'elles y font toujours raccourcies, & fi on veut les avoir,
il n'y a que le profil oblique aux faces,
mais parallele à l'axe du berceau qui puiffe
les donner.

Cependant ces projections ont toujours
un défaut de longueur proportionnelle,
qui peut être connue en la comparant
dans une des différences; mais il n'en eft
pas de même des diagonales, où ces diffé-

rences ne font pas conftantes, en ce qu'elles font toutes inégalement inclinées à
l'horifon, les unes plus, les autres moins :
celles qui font près des impoftes, font plus
inclinées vers l'axe, que celles qui font à
la clef, de forte que leur valeur eft plus
difficile à trouver que dans les berceaux
de niveau, d'autant plus qu'il n'eft pas indifférent, comme dans ceux-là, de prendre une diagonale plutôt que l'autre, parce
qu'elles partent d'un même niveau, pour
l'élever à même hauteur ; mais dans les
berceaux en montée ou defcente, la diagonale qui part d'un angle inférieur pour
parvenir au fupérieur oppofé, eft bien
moins incliné à l'horifon, que celle qui
part de l'angle de fuite plus élevé à l'inférieur du côté fupérieur oppofé ; ce qu'une
figure éclaircira. Soit CRM l'angle de
rampe du berceau en montée, ou MCR
en defcente, l'un eft complément de l'autre, le quart de cercle CAH, la moitié
du ceintre de face divifé en fes vouffoirs 1.
2 projetté dans le profil MCH en *b* & en
f, par où ayant mené *bd*, *fo* & H*s* paralleles à RC, on aura le profil du berceau en
defcente coupé par le milieu de la clef, &
le parallélogramme *bd*RC fera la projection verticale de la premiere doële au deffus de l'impofte, RC, & *fodb* celle de la

Fig. 200.

seconde doële, & si l'on tire des diagonales par les angles de ces parallélogrammes,
comme R*b*, C*d*, on verra que la premiere parcourt une plus grande hauteur
*b*M que la seconde C*d*, qui ne parcourt
que la hauteur CD : supposant *d*D de niveau, il faut chercher le rapport des hauteurs où parviennent ces deux diagonales, & toute autre dans le même cas ; pour
en rendre le moyen sensible, nous suppo-
serons premiérement, que la doële comprenne en projection verticale tout le parallélogramme *f*ORC, où l'on supposera
la hauteur *f*C de sa retombée égale à celle
de la rampe CM : dans ce cas on reconnoîtra que la diagonale *f*R parcourra toute la hauteur *f*M, qui comprend les deux
de la retombée *f*C & de la rampe CM.
Ainsi nommant la retombée *a*, & la rampe *b*, on aura pour hauteur $a+b$, ou, si l'on
veut, $2a$, parce que OR est supposé égale
à *f*C ; donc la premiere hauteur étant
$a+b$, la seconde de la diagonale conjuguée
CO sera égale $a+b-b=a$; donc cette
diagonale CO sera de niveau, lorsque
sa conjuguée parcourra le double de sa
hauteur, c'est-à-dire, celle de la retombée & de la rampe.

Secondement, si l'on suppose la hauteur de la retombée plus petite que celle

de la rampe, comme bC à l'égard de
CM, alors les deux diagonales du parallélogramme bdRC defcendront toutes les
deux, la fupérieure moins que l'inférieure
nous appellerons leur différence d exprimée par DC, (fuppofant dD de niveau) :
on aura donc pour la hauteur totale de la
grande diagonale bR, $a + b$, ou, fi l'on veut,
$2a + d$, & celle de la petite fupérieure
$a + b - b = a$: donc la feconde diagonale $d\varepsilon$ ne defcend que de la hauteur de la
retombée bC.

Troifiémement, fi l'on fuppofe la retombée bC plus grande que la hauteur de
la rampe CM, il eft évident que la grande diagonale parcourra la hauteur bM $=$
$a + b = 2b + d$, & la petite dC feulement $a + b - b = a$; mais a dans ce cas
eft plus grand que b par la fuppofition :
donc la premiere & la plus grande diagonale br defcendra, & la feconde mon-
tera de toute la différence que l'on fuppofe entre les hauteurs de la retombée &
de la rampe. *Ce qu'il falloit trouver.*

Cela fuppofé connoiffant les hauteurs
relatives des diagonales par le profil, &
le cacul, fi l'on veut, & leur longueurs
horifontales, par la projection on pourra en
trouver facilement la valeur, quoique le
berceau foit biais & en defcente, & que

les joints de lits foient raccourcis dans la projection horizontale à caufe de la defcente, & dans la verticale, à caufe de l'obliquité, à moins qu'on ne faffe le profil par l'axe du cylindre, fans égard à l'obliquité de fes faces.

Pour rendre ces opérations plus fimples, il n'y a qu'à confidérer & fuppofer le plan de la rampe comme un plan horifontal, parce que par ce moyen on trouvera dans les projections des joints de lit leurs juftes mefures, étant fuppofées paralleles à ceux de la voûte, qui devient alors auffi horizontale par fes impoftes qui font dans le plan de la rampe : tout le changement qui arrive de cette fuppofition confifte dans l'inclinaifon des faces de montée & de defcente, lefquelles étant verticales dans la premiere fuppofition, deviennent inclinées dans la feconde ; fçavoir l'inférieure de montée en furplomb, & la fupérieure d'entrée de defcente en talud ; de forte que la projection de l'une eft une demi-ellipfe en faillie, & l'autre en retraite ; ce qui retombe dans la conftruction que nous avons donnée ci-devant du biais & en talud, ou du biais & en furplomb, où nous avons trouvé fans grande difficulté les diagonales des panneaux de doële, & les moyens de les tracer

exactement dans leurs mesures de trapezes, dont les angles opposés sont inégaux.

Soit, par exemple, le même profil de
rampe RCM de la figure précédente, dont
le côté RC de la rampe étoit incliné, trans-
posé ici au contraire de niveau, & la ligne
ci-devant horizontale en pente, suivant
l'angle donné CRP égal à CRM. Le *Fig.* 101.
profil du berceau SRCH par la clef, sui-
vra la même situation ; de sorte que cette
clef SH devenant aussi horizontale, les
sommets S & H ne seront plus à plomb
sur les points R & C, mais tomberont par
des perpendiculaires sur RC, prolongées
en T & L ; de sorte que TL exprimera la
longueur de la clef, laquelle se reculant
en bas, du côté du point R, donne pour
projection de la face inférieure une portion
d'ellipse ST, qui est la projection horizontale d'un talud, & à l'autre bout la
même ellipse en projection saillante, qui
est celle du contour du ceintre circulaire
de descente ; ce qui change le demi-berceau en descente en un demi-berceau, dont
les faces sont, l'une en talud, & l'autre en
surplomb, qui est ici biais, suivant l'angle
CRS, mais qui peut l'être plus ou moins
sur le plan horizontal, sans que les points
T & L changent, à l'égard des points R & C.
Ainsi cette transposition fait rentrer cet

exemple de double obliquité, biais & defcente dans le précédent de biais & talud, auquel on renvoye le lecteur pour y trouver les moyens de faire les panneaux de doële plate de lits & de tête, les deux premieres efpeces par le moyen général dont il s'agit ici, qui eft de réduire toutes ces figures planes en triangles par des diagonales, dont on trouve facilement la valeur par les plans & profils, c'eft à-dire par les projections horizontales & verticales, telles qu'elles ont été prefcrites par les premiers problêmes de ce 3e Livre ; ce qu'on va plus amplement expliquer par le quatrieme exemple qui fuit.

QUATRIEME EXEMPLE

Du même principe

Pour un demi-cône fcalene tronqué, qui eft le modele d'une voûte ébrafée en defcente.

La différence du cas propofé ici, comparé au précédent, confifte en deux chofes qui ne permettent pas d'y employer les mêmes moyens de parvenir à la même conftruction.

L'une en ce que les joints de lits n'étant pas paralleles entr'eux, comme dans les berceaux, mais convergens, ils font tous inégalement inclinés à l'horizon, & au plan de section verticale par l'axe, qui doit repréfenter le plan de rampe en profil, confondu avec la ligne de l'axe du cône, dans lequel plan font les impoftes de la voûte; d'où il fuit qu'aucun de ces joints de lit n'étant paralleles ni au plan vertical, ni à l'horizontal, on ne peut en trouver les mefures par aucune projection, mais feulement par autant de profils particuliers qu'il y a de joints, c'eft-à-dire par des fuppofitions de plans verticaux, horizontaux ou inclinés, paffans par ces joints & par l'axe, hors duquel toutes les fections coniques font des courbes.

La feconde différence confifte en ce que dans une voûte conique il n'y a point d'*arc droit*, comme nous l'avons dit ci-devant; d'où il réfulte qu'on ne peut trouver les angles des furfaces des panneaux par la même voie que dans les cylindriques, & qu'on eft forcé à les chercher par le moyen des diagonales qui réduifent toutes les figures rectilignes en triangles, partageant en deux les furfaces planes des doëles plates & des panneaux de lits, comme nous venons de le faire pour les voûtes cylindriques.

Soit le trapeze ABDE le plan horizontal d'une voûte conique tronquée *droite*, c'eft-à-dire dont l'axe SN eft perpendicu-

Fig. 202.

laire fur la direction de fa face AB, qui eſt le diametre de la baſe , mais qui ne l'eſt pas au plan de cette baſe, parce qu'on le ſuppoſe incliné en deſcente ſuivant un angle *m*CR ; ce qui conſtitue un cône ſcalene ſi la face AB eſt circulaire.

Ayant fait à l'ordinaire l'élévation de cette face, ou ſa moitié *a*₂H qui ſuffit , parce que l'autre moitié lui eſt égale en tout , dans la ſuppoſition d'une voûte ſans biais horizontal ; & l'ayant diviſée en ſes vouſſoirs , dont on aura fait la projection horizontale , on fera auſſi ſur le même plan vertical de l'élévation celle de la face poſtérieure *e* 5 *h* d'un centre *m*, abaiſſé au deſſous de celui de la face C de la hauteur verticale C*m* de la deſcente de la voûte d'une face à l'autre, & par les points donnés des naiſſances *a* & *e*, on tirera une ligne *a*X qui rencontrera la ligne du milieu en X, où ſera le ſommet du cône prolongé en projection verticale , auquel ſommet on tirera les lignes droites 1X, 2X, 3X, qui repréſenteront les côtés du cône paſſans par les points de diviſions en vouſſoirs du ceintre de face antérieure, leſquelles couperont le contour *e* 5 *h* de la poſtérieure, proportionnellement aux points 4, 5, 6, où ſeront les diviſions de ce ceintre en vouſſoirs , & donneront la projection verti-

cale des joints de lits *a e* de l'impofte, 1.4,
2.5, 3.6 ; puis on tirera des diagonales à
chaque doële 1 *e*, *a*.4 pour la premiere,
1.5, 2.4 pour la feconde, 2.6, 3.5 pour la
troifieme, fi l'on veut, mais une feule peut
fuffire, & la projection verticale néceffaire
pour former les panneaux de doële fera
faite.

On fuppofe auffi l'horizontale faite relativement avec fes diagonales $p^1 E$, $p^\cdot.p^4$,
$p^3.p^5$.

Enfin pour avoir les lignes néceffaires
pour parvenir de même à la formation des
furfaces des panneaux de lit, on tirera les
joints de tête du centre C, fçavoir, 1.7,
2.8, 3.9, & les correfpondans du petit
ceintre *e* 5 *h* du point *m* pour centre, comme 4V, & l'on fera les projections des
mêmes lits, dont le premier eft 7.1, 4V,
comme on l'a fait aux problêmes précédens.

Tout étant ainfi préparé, il faut obferver que de toutes les lignes que nous venons de tracer, il n'y en a aucune dans fa
jufte mefure que celles des joints de têtes,
parce qu'il n'y a que celles-là qui foient paralleles au plan de projection verticale,
mais qui ne le font pas à celui de l'horizontale : ainfi il faut chercher la valeur
des joints de lits & des diagonales de doële
plate, & des furfaces des lits, comme nous

allons faire, par le moyen des projections horizontales, & des hauteurs données aux verticales.

Premiérement, pour trouver la valeur de la ligne du milieu, répréfentant l'axe du cône en *n*N dans la projection horizontale, & en *cm* dans la verticale, par le moyen des deux côtés & de l'angle droit, on trouvera l'hypoténufe, qui fera la valeur de *mu*, en portant C*m* en NM; la ligne M*n* fera celle que l'on cherche, ou bien, fi on veut l'avoir fur l'élévation, on portera *n*N en *m*R, & l'on tirera RC, qui fera la même que *n*M; mais cette ligne ne fert encore qu'à marquer le milieu de la defcente, & ne donne pas la longueur des joints de lits à l'impofte, parce que *n*N eft plus courte que DB ou AE, qui font les impoftes; c'eft pourquoi on élevera au point A ou au point B une perpendiculaire B*b*, qu'on fera égale à C*m*, & la ligne *b*D fera la vraie longueur de l'impofte marquée au profil en C*d*.

Secondement, pour trouver la valeur du premier joint de lit marqué à la projection horizontale en $p^1 p^4$, & dans la verticale, en 1.4, on menera par ces points 1 & 4 des horizontales jufqu'à la ligne du milieu *m*S comme 1. o^1, 4. o^4 prolongeant cette derniere indéfiniment au-delà, fur laquelle

On portera la longueur de la projection du premier joint de lit p^1, p^4 en o^4, 4e : la ligne inclinée tirée du point 4e à o^1 sera la longueur que l'on cherche. On trouvera de même la longueur du second lit 5e, o^2 pour la valeur de la ligne $p^2 p^5$ de la projection horizontale, & 2. 5 de la verticale, ainsi des autres ; les joints de lit étant trouvés, il ne manque plus que celle des diagonales tracées aux mêmes projections ; par exemple, pour la seconde p^1 p^5 du plan, & 1. 5 de l'élévation.

On tracera à part une horizontale $q 5$, sur laquelle on portera la longueur de la projection de la diagonale 1. 5 de l'élévation prise sur le plan horizontal en $p^1 p^5$, de q en 5, puis élevant au point q une perpendiculaire $q 1$ égale à la différence des hauteurs des points 5 & 1, marquée à la fig. 202, par la perpendiculaire $1 y$ sur l'horizontale passant par le point 5, on tirera la ligne 1. 5 à la figure 203, qui sera la valeur de celle cottée de même 1. 5 dans l'élévation.

On trouvera de même la valeur de la diagonale 5. 3 prise d'un autre sens, en portant sur la même $q 5$ du profil à part, la projection horifontale $p^5 p^1$ à compter depuis le point 5, en 5 Q, où l'on élevera une perpendiculaire Q ζ égale à la hau teur z^3, différence de celles du point 5 & du point ' au deſſus de l'horizon, la ligne 5 z ſera celle que l'on cherche pour la valeur de la diagonale 5. ' marquée à l'élévation.

Les côtés des joints de lit 4' 0', la diagonale 5' & la corde de la tête du vouſſoir entre les diviſions 1. 2 étant donnés, on a les trois côtés d'un triangle, 5. 2. 1 de la figure 204, & avec la longueur 5', 0' & la corde 4. 5 du petit ceintre poſtérieur, on aura l'autre triangle 1. 4. 5, lequel, étant joint au précédent, forme le trapeze 1. 2. 5. 4 développé pour la doële plate du ſecond vouſſoir que l'on cherchoit.

Il faut faire la même opération pour avoir la valeur du trapeze du joint de lit marqué à l'élévation 7. 1. 4V, & projetté au plan horizontal, comme nous l'avons dit aux opérations précédentes, avec cette ſeule différence, qu'il faut le diviſer par une diagonale dont il faut auſſi chercher la valeur, pour en former deux triangles de même que nous avons fait pour la doële plate.

Par ce moyen, on trouvera dans toutes ſortes de cas d'appareil, le moyen de former toutes les ſurfaces planes qui enveloppent un vouſſoir de voûtes coniques quelconques, quand même on y ſuppoſeroit encore deux obliquités de plus que la defcente, comme le biais & le talud, parce que nous avons donné les moyens de réduire toutes ces obliquités en une feule ; il ne nous refte plus, pour montrer la généralité du problême dont il s'agit, que d'en faire encore l'application aux voûtes fphériques ou fphéroïdes.

CINQUIEME EXEMPLE

Pour les voûtes fphériques réduites en polyèdre par des doëles plates.

Nous avons dit, en parlant des développemens, que la fphere pouvoit être réduite en zones de cônes tronqués ; que ces zones pouvoient auffi être réduites en pyramides tronquées infcrites dans ces zones coniques, dont le développement eft une fuite de trapezes, comme on l'a exprimé à la figure 180 : or ces trapezes appuyés fur les quatre angles d'une furface concave fphérique où fphéroïde, divifée par des méridiens & des paralleles à l'équateur, avec lefquelles elles fe croifent, formeront des quadrilateres curvilignes, aux angles defquels peuvent s'appliquer ceux qui font rectilignes des trapezes, lefquels font pour ces fortes de voûtes des doëles plates, dont on fe fert utilement pour préparatif à l'excavation des surfaces concaves sphériques ou sphéroïdes, comme pour les coniques, avec cette différence que dans celles-ci, deux côtés opposés de ces trapezes qui font convergens, s'appliquent aux joints de lit, & qu'aux sphériques ils font les cordes d'un méridien ; comme les paralleles font les cordes des cercles, paralleles à l'équateur, la sphere étant courbe en tout sens.

D'où il suit 1°. que plus les rangs de voussoirs approchent du pole, plus les angles de ces trapezes font aigus à la base, sans que cependant les angles curvilignes de la surface concave de la sphere auxquels ils s'appliquent, deviennent pour cela inégaux de ce qu'ils font auprès de l'équateur, parce que les méridiens font toujours un même angle d'interfection avec les paralleles.

2°. Que les fommets de ces pyramides inscrites dans les zones de cônes, étant fuppofés prolongés jufqu'à l'axe, où doit être le fommet de toutes les tranches de cônes infcrits dans la fphere, s'approcheront d'autant plus du pole qu'elles s'éloigneront de l'équateur, & au contraire, s'en éloigneront à mefure qu'elles approcheront de l'équateur ; de forte que celle de l'équateur aura fon fommet infiniment loin : alors les trapezes approcheront auffi de plus en plus du quarré.

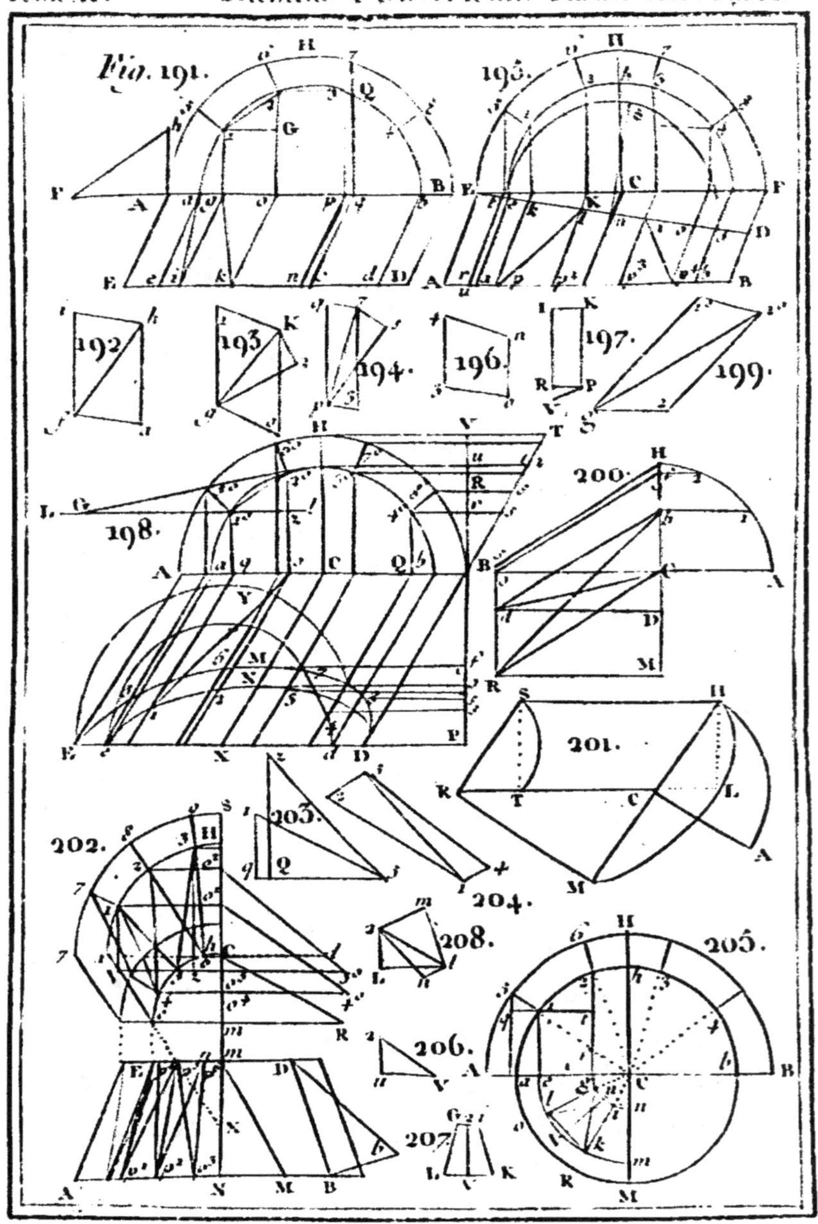
Fig. 191.
193.
192.
193.
194.
196.
197.
199.
198.
200.
201.
202.
203.
204.
208.
206.
205.
207.

Cela suppofé, & la fituation horizontale des rangs de vouffoirs divifés à leurs joints par des plans verticaux, paffant par l'axe comme les méridiens ou plutôt comme les cercles & zimutaux de la fphere armillaire.

Soit ahb, le profil ou la fection verticale de la doële d'une voûte fphérique, dont ao MC eft le quart du plan horizontal, pris à fon impofte. On divifera à l'ordinaire le contour du profil ahb e. fes rangs de vouffoirs, comme aux points 1. 2, 3. 4, & ayant abaiffé de ces points des perpendiculaires. fur le diametre ab qui le couperont en e & f, on tracera les projection des joints de lit par des arcs de cercles fn, em paralleles à l'impofte aom; fur l'un defquels ayant déterminé, à volonté, une longueur de vouffoir lk ou gi; on fera la projection des joints de tête ou de doële lg, ik dirigés au centre C: on aura la projection d'un des vouffoirs du fecond rang marqué au profil par les lignes ponctuées 1. 2, 2. 3., 3. 4, 4^b, dans laquelle projection on tracera les diagonales li, gk, & tirant les cordes gi & lk, on aura le trapeze de la doële plate raccourcie par la projection, dont on fera le développement comme nous allons le dire ci-après.

Au lieu de chercher la valeur des diago-

Fig. 105.

O iij

nales, comme nous avons fait dans les exemples précédens ; on divisera la corde *l k* en deux également en V, par où l'on tirera au centre C la ligne V *u* qui coupera la corde *g i* au point *u*, puis on cherchera la valeur de cette ligne V *u* par un triangle rectangle fait à part, de la longueur V *u* prise sur la projection horizontale pour un côté, & de la hauteur 2 *t* prise au profil, qui est la hauteur verticale du point 2 du lit de dessus, & du point 1 de celui de dessous ; l'hypoténuse V 2 sera la valeur que l'on cherche pour la ligne du milieu de la doële plate, au deux extrêmités de laquelle lui ayant fait deux perpendiculaires, on portera sur l'inférieure, de part & d'autre, du point V, la longueur de la moitié *l* V, ou *k* V au lit de dessous, & *u g*, ou *u i* à celui de dessus, le trapeze L G I K sera le développement ou la valeur de celui du plan horizontal *l g i k*. *Ce qui étoit proposé*, non seulement pour ce voussoir, mais pour tous les autres rangs au dessus ou au dessous dans la sphere réguliere.

Cette maniere est plus commode & la plus expéditive que celle de chercher la valeur des diagonales, lorsque la voûte est exactement sphérique, parce qu'il n'y a point de triangles à former pour

avoir les angles du trapeze de doële plate ;
mais ſi on veut procéder par cette maniere, qui eſt la plus générale, ſuivant
l'énoncé de notre problême, il ſera aiſé
d'en trouver la valeur en prenant pour un
des côtés du triangle rectangle L zi, dont
elle doit être l'hypoténuſe, la longueur de
la projection de la diagonale li, & pour
l'autre, la différence de la hauteur du lit
inférieur avec le ſupérieur ; alors on aura
les trois côtés d'un triangle, (dont la projection eſt,) lkg ou ſon égal kli ; ſçavoir
la valeur de la diagonale kg priſe en 2. 1,
la longueur de la corde lk priſe ſur le
plan horizontal, & la valeur du côté lg
ou k 1 ſon égal ſur la corde 1. 2 du profil ; les trois côtés étant donnés, on décrira un triangle 2, 1, m, qui donnera l'angle
2, m, 1, & les points 2 & i, pour la formation de la valeur du trapeze 2, m, i, n
dont la projection eſt L gi K.

Les panneaux de doële plate étant trouvés, on aura ceux des joints de lit montans, qui ſont des ſurfaces planes, dont
les modeles ſont les portions de couronne
du profil, comme ici dans l'exemple du
ſecond rang de vouſſoirs, la portion 5.
1. 2. 6.

Il reſteroit à trouver les panneaux de
lit, mais comme ce ne ſont pas des ſur-

O iv

faces planes, celle du lit fupérieur étant
concave conique, & celle de l'inférieur
convexe, partie d'un plus grand cône, on ne
peut parvenir à les former par le moyen
des panneaux, excepté à l'impofte où ces
lits étant dans un cercle majeur, à l'extrados & à la douële, on en peut former le
panneau fur plan horizontal.

On peut encore fe fervir de la projection
horizontale des joints de tête inclinés, en
fuppofant une bafe de cylindre comme de
l'épaiffeur de la projection 1 *q* du joint 1...
5, parce qu'on traceroit un cercle à l'extra-
.s parallele à celui de la bafe horizontale paffant par le point *q*, & abattant de
ce cylindre, la partie hachée à la fig. 205,
dont le profil eft le triangle rectangle
5 *q* 1, fuivant les moyens donnés ci-
devant au troifieme livre, par la fuppofition d'une circonfcription de corps régulier, pour parvenir à la formation d'un
corps irrégulier.

CHAPITRE II.

De la Goniographie ou description des an-
gles, (en terme de l'Art) des moyens de
trouver les biveaux néceſſaires pour aſſem-
bler les panneaux.

C'EST beaucoup d'avoir formé les modeles des ſurfaces qui enveloppent un vouſſoir, mais pour les aſſembler, il faut connoître l'ouverture des angles qu'elles font
entr'elles, c'eſt-à-dire leur mutuelle inclinaiſon en angle aigu ou obtus ou *droit*,
non pour en former une eſpece de coffre
qui enferme l'eſpace du ſolide qu'on ſe
propoſe de faire, mais pour retrancher de
la maſſe d'une pierre brute, ou tout autre
ſolide plus gros que le vouſſoir à former,
l'excédent de chacune des ſurfaces dont il
doit être enveloppé au‑delà de celles qui
ont été déterminées par les modeles que
nous appellons *panneaux*, & les incliner
entr'elles comme il convient à leur figure
& à leur poſition reſpective à l'égard des
autres qu'elle doit ſoutenir, ou par qui elle
doit être ſoutenue.

Or ces angles ſolides ſont de différentes
eſpeces & meſurés par des angles linéai-

res qu'il faut leur adapter, les uns font rectilignes, qui font les plus ordinaire-ment ceux des lits & des joints, les au-tres mixtes droits d'un côté, & courbe dans l'autre, qui font ceux des lits & des doëles ou des têtes & des doëles, d'au-tres font courbes des deux côtés, tels font ceux des enfourchemens de la rencontre de deux doëles. Pour former le modele de l'ouverture des angles de la premiere espece qui font rectilignes, on a un inf-trument appellé *fauffe équerre*, qui fert auffi de compas d'apparcilleur dont les branches font droites, tournant fur une tête où le frottement eft affez rude pour qu'elles de-meurent ouvertes au point dont on a be-foin pour les appliquer fur la pierre fans varier ; comme cet inftrument eft appli-quable à toutes fortes d'ouvertures d'an-gles rectilignes & d'un fréquent ufage, on le fait de fer ; mais pour les angles mixtes qui ne font que pour des cas particu-liers, on les fait de bois d'une ouverture fixe & d'une ou de deux branches cour-bes, convexes en dedans pour s'appliquer à une furface concave, & en quelques cas, concaves en dedans, pour s'appliquer à des furfaces convexes, comme à un côté des doëles des voûtes fur le noyau ; c'eft cet inftrument qu'on appelle *biveau* dont l'application fur l'arrête de l'angle folide ne peut fe faire indifféremment en toutes fituation de fes branches, comme nous le dirons ci-après.

Surquoi il eft bon d'être averti des fignifications de nos expreffions, qui font différentes pour les angles folides & les angles linéaires; nous appellons ces derniers *angles plans*, c'eft-à-dire qui terminent une furface plane, & *angle des plans* la rencontre de deux plans qui aboutiffent l'un à l'autre; l'extrêmité des angles plans s'appelle le *fommet*, & celle du concours de deux plans ou de deux furfaces planes ou courbes s'appelle, en terme de l'Art, une *arête*.

PROBLEME.

Trois plans qui doivent former un angle folide étant donnés, trouver les angles rectilignes que forment entr'eux leurs inclinaifons mutuelles (ou en termes de l'Art pour l'appareil) trouver les biveaux des affemblages de trois panneaux donnés.

On fçait, par les Elémens de Géométrie, que les angles que font entr'eux deux plans qui fe coupent ou fe rencontrent, fe mefurent par des perpendiculaires à leur commune interfection, & que l'on ne peut

faire un angle folide , à moins du concours
de trois plans , parce que deux plans feuls
ne peuvent enfermer un efpace en circuit ,
il en faut même quatre , fi on veut l'enfermer en tout fens.

Soient les trois plans donnés , les quadrilateres A B , A C , A D , lefquels étant
affemblés , doivent former un angle folide
en A , tel feroit celui du fommet d'une
pyramide triangulaire , ou , fi l'on veut, celui
d'une des carnes d'un dez à jouer. Il faut
faire deux opérations , l'une pour déterminer l'angle de rencontre du plan A D
avec le plan A C , l'autre du même plan
A C avec le plan A B.

On décrira fur une furface plane les trois
angles plans donnés E A L , F A K , L A K
autour du même fommet A , lefquels trois
angles plans raffemblés doivent faire une
fomme de degrés moindre que celle de
quatre droits (par la 21e prop. du 11e Livre
d'Euclide) , pour pouvoir en former un angle folide. Enfuite des points E & F , pris
à diftances égales du point A fur les côtés
A F , A E , on tirera fur les côtés A L &
A K commun au 3e plan A D des perpendiculaires E G , F H prolongées jufqu'à leur
rencontre au point I , duquel pour centre
& de l'intervalle H F pour rayon on tracera un arc de cercle vers x , qui coupera

en ce point *x* le côté A K prolongé s'il le faut Si par les points I & *x* on mene la ligne I & *x*, l'angle H I *x* ou F I X sera égal à celui d'inclinaison mutuelle des deux plans A C, A D. De même si du point I pour centre, & de l'intervalle G E pour rayon, on fait un arc en *y*, où il coupe A L, l'angle G I *y* sera celui de l'inclinaison mutuelle des deux plans A B & A D. C. Q. F. F.

Pour le démontrer, il faut imaginer que les plans A B & A C se meuvent comme le couvercle d'un coffre autour des côtés A L & A K qu'ils ont de communs avec le troisieme plan A D, qu'on suppose immobile. Dans cette supposition de mouvement des deux premiers, on conçoit que le plan A B prendra la situation A*b*, & le plan A C celle de A*c*; ensorte que le côté A E se joindra au côté A F en un seul, dont A I sera la projection, & les points E & F se réuniront en l'air en un seul, dont le *Fig.* 2. point I sera la projection; qu'il soit permis de le représenter par un point S, supposé en l'air, la ligne A S sera l'arête des deux plans réunis, & les lignes G S & H S représenteront en perspective les lignes E G & F H, & dont le triangle G S I, rectangle en I, aura deux de ses côtés égaux à G I & G E, qui sont perpendiculaires à la com-

mune interſection A L : par conſéquent l'angle S G I égal à celui qu'on a fait en G I y
ſera celui des deux plans A B & A D. Il ne
s'agit donc que de décrire un triangle rectangle ſur un plan égal à celui que nous
conſidérons en l'air au deſſus du plan A D ;
ce que nous avons exécuté, en faiſant le
triangle rectangle I G y, qui a un angle
droit en G, & les deux jambes G y & G I
égales, par la conſtruction, ſçavoir I y égal
à G E $=$ G S, & G I, comme égal à lui-
même : donc l'angle G I y eſt égal à l'angle exprimé en perſpective S G I, qui eſt
celui de l'inclinaiſon mutuelle des plans,
comme H I x eſt égal à S H I. C. Q. F. D.

Si l'angle E A L du plan A B étoit ob-
tus, comme à la 2ᵉ fig. $e\,a\,l$, il faudroit prolonger le côté $l\,a$, & tirer à ce côté la perpendiculaire $e\,g$, laquelle étant prolongée,
couperoit $f\,h$ au point I, qui ſeroit hors
du panneau $l\,a\,k$, mais cependant dans la
prolongation de ſon plan, & continuant
l'opération comme à la premiere figure, en
portant $g\,e$ en $i\,x$, on aura pour l'angle de
rencontre des plans $a\,d$ & $a\,c$, l'angle obtus
$f\,i\,x$, ſupplément de l'aigu $x\,i\,h$. La raiſon
eſt facile à concevoir, en faiſant attention
au mouvement du plan $a\,b$ autour du côté
$l\,a$, prolongé juſqu'à la rencontre de la perpendiculaire $e\,g$ à cette prolongation : car

alors le point *e* tournant en l'air, étant parvenu à l'angle droit sur le plan *da* prolongé, aura pour projection sur ce plan la ligne *gl*, & si on continue à le faire tourner jusqu'à ce qu'il soit arrêté par le plan *ac*, tournant de même sur *ak*, il parviendra jusqu'à la rencontre du point *f*, lorsqu'il sera parvenu en l'air au dessus du point *i*; car alors ce point *i* sera la projection de la réunion des extrêmités *e* & *f* des deux côtés *ae* & *af*. Or supposant le point *i* projetté en l'air où il doit être au dessus du plan *ad* au sommet, que j'appelle S, la projection du plan *ac* dans cette situation, arrêtée par la rencontre du plan *ab*, sera le trapeze *iako*, & celle du plan *ab*, arrêté par la rencontre du plan *ac*, sera le trapeze *ialp* qui tombe au dedans du plan *ad*, par conséquent qui fait avec lui un angle aigu égal à *giy*, au lieu que le plan *ac* tombant au dehors du plan *ad*, fait un angle obtus égal à *fix*.

Fig. 110.

D'où il suit que plus l'ouverture de l'angle *eaf* restant du développement des trois angles des plans *ab*, *ad*, *ac* est grande, plus l'angle solide sera aigu, & au contraire plus elle sera petite, plus l'angle solide fait par l'enveloppement sera obtus; ensorte que si les trois angles, autour du point *a*, faisoient une somme presque égale à quatre

droits, le sommet de la pyramide seroit
extrêmement obtus; & s'ils formoient quatre droits, il s'abaisseroit sur la base de la
pyramide avec laquelle il se confondroit.

Il est clair que si l'on veut chercher le
troisieme angle des plans formans le solide,
il n'y a qu'à changer un peu l'arrangement
de ces plans donnés, en joignant les deux
côtés *a e*, *a f* en un seul, & séparant un des
autres, qui étoient communs à deux, pour
opérer sur le nouveau côté *e a*, *f a* réunis,
comme l'on a fait sur le côté *a l* ou *a k*; ce
qui se présente naturellement à l'idée de
l'opération proposée.

Quoique cette premiere méthode soit
simple, facile & générale, il en est d'autres
pour trouver les angles que font entr'eux
les plans, dont le concours forme un angle solide; c'est de réduire tous les corps
compris par des surfaces planes en pyramides triangulaires, qui font leur derniere
réduction, comme nous l'allons exposer.

Autre maniere de résoudre le même problême en réduisant les corps en pyramides triangulaires.

Cette méthode qui est d'un grand usage
dans la Stéréotomie pour mesurer la solidité des corps, de quelques figures qu'ils
soient,

foient, même les ronds, par approximation, en les confidérant comme des polyë-
dres d'un nombre infini de furfaces, n'eft
pas moins utile pour la Goniographie ,
c'eft-à-dire la mefure des angles que ces
furfaces font entr'elles.

Premiere application de ce fyftême aux voûtes fphériques & fphéroïdes.

On fçait que les vouffoirs de ces efpeces
de voûtes font un hexaëdre mixte, compris
par fix furfaces différentes, dont il y en a
deux planes, qui font les têtes, dont la
figure eft une portion de couronne de cercle ou d'ellipfe. Il y en a auffi une troifieme
femblable, qui eft le lit de deffous, confidéré feulement à l'impofte ; fi la voûte eft
en plein ceintre, les trois autres furfaces
font naturellement courbes de différentes
courbures; celle du dedans, qui eft la *doële*,
eft concave, portion de fphere ou de fphéroïde; celle du dehors, qui eft l'extrados,
oppofé à la doële, eft convexe ; celle du lit
de deffus eft concave en portion de zone
conique, & au lit de deffous au deffus de
l'impofte, convexe de même figure ; ce
qu'on a tâché de repréfenter par la fig. X
en perfpective, confidérée comme fi elle
étoit tranfparente, enforte que le devant
ne cache pas le derriere.

Tome II.   P

Chacun de ces vouſſoirs étant une eſpece de coin cubique, rétreci par un côté,
ſi l'on prolonge ſes quatre arêtes rectilignes, *ga*, *fe*, *hd*, *ib*, juſqu'à ce qu'elles
concourent en un point C, qui eſt le centre
de la ſphere, lorſque la voûte eſt réguliere,
on reconnoîtra qu'ils peuvent être conſi-
dérés comme parties d'une pyramide tronquée par un plan perpendiculaire à ſon axe,
& qui eſt là doële plate.

Mais cet objet étant encore trop compoſé, & enveloppé de ſurfaces différentes,
ce n'eſt pas dans ce ſens que nous devons
prendre la pyramide pour l'imaginer triangulaire; c'eſt par une prolongation du trapeze de la doële donnée, qui devient un
des trois triangles qui l'enveloppent, dont
le ſommet S tombera, non au centre de
la ſphere, comme à la précédente, mais à
un des points de ſon axe plus près ou plus
loin de ce centre, ſelon que la doële plate
ſera plus ou moins inclinée à l'horizon.

Soit, pour exemple de cette doële, le trapeze A B D E, dont les côtés A E, BD concourent en S. On placera le panneau de tête
G A E F auſſi donné ſur le côté A E, qui
ſera la corde de l'arc du joint montant A E,
& ſur le côté A B le panneau de lit *g* A B N
qu'on diviſera par une diagonale *g* B, dont
on portera la longueur de B en K par une

Fig. 211.

interfection de deux arcs, l'un du centre B, & B*g* pour rayon, l'autre du centre S, & de SG pour rayon : enfin on tirera du point K au fommet S la ligne SK, qui achevera le développement d'une pyramide triangulaire, par le moyen de laquelle on trouvera l'angle que font entr'eux les deux plans triangulaires GSA & ASB qui comprennent le premier une partie du panneau de tête FEAG, & l'autre la doële plate AEDB, comme il fuit.

On tirera fur le côté commun AS une perpendiculaire L*p*, qui coupera le côté SG en L, & le côté SA en *o*; on portera la longueur SL fur S*k* en S*l*, & l'on tirera *pl*; enfuite du point *p* pour centre, & *pl* pour rayon, on fera un arc vers E comme *ux*, & du point *o* pour centre, & *o*L pour rayon, on en décrira un autre qui coupera le précédent au point *x*, d'où tirant les lignes *x*P & *xo*, on aura le triangle *pox*, dont l'angle obtus *o* eft celui du biveau que l'on cherche.

La démonftration de cette opération fera facile à concevoir, fi l'on fait attention que les furfaces de doële plate ABDE donnée, & FEAG, panneau de tête donnée, font des parties des plans triangulaires SAG, SAB qui font développés fur une furface plane, & qui ont un côté commun

A S, fur lequel on a tiré une perpendiculaire qui coupe G S en **L**, A S en *o*, & B S
en *p*. Et comme dans l'enveloppement de
la pyramide, le côté S *k* doit fe réunir au
premier S G, il fuit que les points *l* & *k*
doivent tomber de l'autre côté en L & G,
par conféquent que S *l* doit être fait égal
à S L, & S K à S G : & que fi la pyramide
eft coupée par un plan perpendiculaire au
côté S A, fa fection fera un triangle, repréfenté par *po x*, dont les trois côtés font
donnés dans le développement, fçavoir,
p l $=$ *p x*, *o* L $=$ *o x*, par la conftruction.
Donc l'angle obtus *x o p* relatif à l'angle
g A B de la bafe, eft celui que forment par
leur inclinaifon mutuelle les plans G S A,
ou fa partie G *h* E A donnée, & S A B ou
fa partie A E D B, qui eft la doële donnée,
fuivant le principe que nous avons donné
pour mefurer les angles des plans, p. 220.
C. Q. F. F. & D.

Deuxieme application du même principe aux vouſſoirs des voûtes coniques.

Cette application fervira de plus ample
explication à la précédente pour trouver
les autres angles des différens plans qui
comprennent les vouſſoirs fphériques ou
coniques, car il n'y a prefque pas de diffé-

rences entr'eux, lorfqu'on travaille fur les fyftêmes de la fphere réduite en polyëdre & du cône en pyramide, pour avoir toujours des doëles plates qui fervent à bien ébaucher un vouffoir, & à placer parfaitement les lits & les joints dans leurs inclinaifons mutuelles, pour former un coin qui s'appuie fur fes collatéraux : car quoique les coniques finiffent en pointe au fond de la trompe, on eft obligé d'en émouffer la pointe, qu'on ne pourroit exécuter en pierre fans la caffer, parce qu'elle devient trop aiguë pour foutenir le coup de marteau de l'ouvrier ; de forte que les doëles plates des trompes ne font que des trapezes, comme celle des voûtes fphériques ; & l'on fupplée au fond conique, par une pierre feule, creufée en pointe, qu'on appelle le *trompillon*, fur lequel les autres vouffoirs pyramidaux viennent s'appuyer comme des rayons partans du fommet.

Cependant on fuppofera les doëles plates comme ci-devant en triangles complets, dont le trapeze de cette doële eft une partie du plan.

Soit pour exemple un vouffoir de trompe *Fig. 212.* *a e*, deffiné en perfpective, fait à peu près comme un coin à fendre du bois, compris fous cinq furfaces, dont il y en a deux en parallélogrammes *sebd*, *seac*, qui font les joints en lit, *cds* qui eſt ſa doële plate, *a be* ſon extrados, & *abdc* ſa tête. On eſt obligé d'en retrancher la pointe *fgsehi*, par la raiſon de la fragilité de pierre, à laquelle pointe ſupplée le trompillon d'une piece *tfgr*S à la doële qui reçoit les vouſſoirs ſur ſon lit T*ih*R*rgft*, qui eſt auſſi conique.

§. Il s'agit de trouver tous les angles que les différentes eſpeces de ſurfaces du vouſ-ſoir font entr'elles par leur rencontre, ſçavoir, 1°. la doële *scd* avec le lit *sdbe*, & ſon oppoſé de l'autre côté *seac*; 2°. celui de tête & de doële; 3°. celui de tête & de lit.

Suppoſons premiérement qu'on cherche le biveau de tête & de doële plate : on commencera par tirer ſur le panneau de tête A B D C, une diagonale A D, pour for-mer un triangle rectiligne A C D, & ſur le côté C D, on fera le triangle C D S, pour la doële plate ; ſur ſon côté C S on fera en développement le panneau de lit *a* C S E, qu'on diviſera par la diagonale *as*.

On tirera enſuite ſur le côté C D com-mun à la tête & à la doële une perpendi-culaire N P, par un point *o*, pris à volonté, laquelle coupera A D en N, & D S en P.

Du point D pour centre, & D S pour rayon, on décrira un arc S Q ; du même centre D, & par le point trouvé P, on décrira un autre arc auſſi indéfini vers *q*; enſuite du point A pour centre, & de la diagonale *a*S pour rayon, on décrira un arc de cercle qui coupera le précédent S Q au point Q, d'où l'on tirera en D la ligne QD qui coupera l'arc P*q* au point *q*. Si de la longueur P*o* pour rayon, & de ce point *q* pour centre, on décrit un arc vers *y*, & que du point *o* pour centre, & de l'intervalle N*o* pour rayon, on en décrive un autre vers le même point, il coupera le précédent au point *y*; l'angle obtus *yoq*, que feront entr'elles les lignes *oy*,*oq*, ſera celui du biveau que l'on cherche, pour aſſembler les panneaux de tête & de doële plate.

Secondement pour avoir les *biveaux de doële plate & de lit*, on tirera ſur le côté commun CS une perpendiculaire FH par un point pris à volonté en G, puis du point S pour centre, & de l'intervalle S*a* pour rayon, on décrira un arc *a*I, & du point D pour centre, & de l'intervalle D A pour rayon, on décrira un autre arc qui coupera le précédent en I, d'où l'on tirera au point S la ligne I S : enſuite du point S pour centre, & de l'intervalle S F pour rayon, on décrira un arc F*f* qui coupera la ligne I S au point *f*, duquel pour centre & de l'intervalle F G pour rayon, on décrira un arc vers *g*. Enfin du point H pour centre & de la longueur H G pour rayon, on décrira un autre arc qui coupera le précédent au point *g*; l'angle *f g* H, compris par les lignes *g f* & *g* H, sera celui des surfaces planes de doële plate & de lit que l'on demande, pour en former un biveau propre à déterminer l'inclinaison que doivent avoir entr'elles ces deux surfaces, l'une à droite, l'autre à gauche de la doële, si la figure est réguliere.

Troisiémement, s'il s'agissoit de trouver le biveau de l'angle que font entr'elles les surfaces de *tête* & de *lit*, supposé qu'on en eût besoin, on opéreroit encore sur le même principe. Je dis, si l'on en avoit besoin, parce que les deux opérations précédentes déterminent l'angle du lit & de la doële, & celui de la doële & de la tête déterminent aussi, par la construction, la position des arêtes C A & C S, B D & D S qui sont communes à la tête & au lit, aussi bien qu'à la doële & au lit: par conséquent l'angle de la surface de la tête & du lit se trouvent en place, en abattant la pierre entre les deux.

Cependant pour ne rien laisser à désirer, nous ajouterons encore ici la maniere de trouver l'angle que font entr'elles ces deux surfaces, en les assemblant sur le côté commun B D, sur lequel on fera une perpendiculaire par un point M, pris à volonté, qui coupera la diagonale B C en L, & B *t* en K; ensuite du point B pour centre, & B *t* pour rayon, on décrira un arc indéfini vers *x*, & du point C pour centre, & C S pour rayon, un autre S *x* qui coupera le précédent en *x*, par où on tirera B *x*. Ensuite du point B pour centre & de l'intervalle B K, on tracera un arc qui coupera B *x* au point V, duquel pour centre, & pour rayon M K, on décrira un arc vers *q*, & du point L pour centre, & pour rayon L M, on en décrira un autre qui coupera le précédent en Z, l'angle L Z V sera celui que l'on cherche pour former le biveau de *tête* & de *lit* demandé.

Fig. 213.

La démonstration est toujours la même dans le fonds que pour les pratiques précédentes, en ce qu'il s'agit toujours de réduire ce solide en pyramides triangulaires sur une base supposée à la tête en C B D, au lieu que dans la précédente, elle étoit en C D A pour une différente fin; & en tirant toujours des perpendiculaires à l'arête, dont on cherche l'angle des plans, qui est ici B D, au lieu que dans le cas précédent, c'étoit C S, & dans le premier la ligne C D.

De chacune de ces pyramides on n'avoit que deux côtés donnés, & l'on a cherché le troifieme qui ferme fon contour. Or de ce troifieme côté, qui eft comme les autres une furface triangulaire, on a les trois lignes des côtés données, puifqu'elles doivent être communes aux deux autres à l'interfection des trois plans; dans notre dernier exemple, on a le côté C B pour bafe du troifieme triangle, qu'on confidere comme immobile; on a les deux autres côtés C L de la doële, & B *t* diagonale du lit qui doit fe joindre dans l'enveloppement à C S, c'eft pourquoi prenant C B pour bafe, on a formé le triangle C *x* B, qui eft le troifieme, fuppofé dans le folide, divifé en pyramide, lequel n'eft d'aucun ufage; mais par fon moyen, on trouve le troifieme côté du triangle L Z V, formé par la fection d'un plan perpendiculaire aux deux premiers, paffant par les lignes L M & K M perpendiculaires à la commune interfection B D.

C'eft le même procédé qu'on a tenu dans les recherches des biveaux de tête & de doële plate, & de doële & de lit, comil eft facile de l'appercevoir, pour peu d'attention qu'on y donne.

COROLLAIRE.

Pour montrer la généralité & l'étendue

de ce problême à toutes fortes de panneaux
de voufloirs de furfaces planes, dont on
veut trouver les angles de leur inclinaifon
mutuelle, il n'y a qu'à confidérer que toutes
les furfaces rectilignes peuvent être réduites en triangles. Or quoiqu'un triangle
de fubdivifion ne foit pas toute la furface
d'un panneau, il eft toujours évident qu'il
en eft une partie : par conféquent l'angle
de cette partie, avec un autre plan, détermine l'angle total des deux plans qui fe rencontrent ou fe croifent. Voici encore une
autre maniere plus facile, & qui fuppofe
moins de données.

PROBLEME.

Deux angles rectilignes A S B, D S P *de
plans perpendiculaires entr'eux qui ont leur
fommet* S *commun, & un côté* S P *, qui eft
celui de leur interfection, trouver l'angle de
deux autres plans inclinés entr'eux, appuyés
fur les côtés* A S , D S , & B S , D S .

Soit la ligne P S l'interfection de deux
plans triangulaires A S B, D S P, perpendiculaires entr'eux ; ce qu'on ne peut repréfenter ici (fig. 214) qu'en perfpective, parce
que le plan S D P eft en l'air au deflus de
l'autre A S B, auquel il ne tient que par fa
ligne d'interfection S P. Ayant fait P E

Fig. 214.

perpendiculaire à PS, qui coupera SD prolongé en E, on fera EC perpendiculaire fur ES, qui coupera SP prolongé en C, par où on tirera FG perpendiculaire à SC: enfin ayant porté fur la même SC, prolongé la longueur CE en Ce, & tiré de ce point les droites eF, eG aux interfections F & G de la ligne HG avec les lignes SA, SB prolongées, l'angle FeG, développement de celui qui eft repréfenté dans la projection en FEG, fera celui que l'on cherche de la rencontre des deux plans, appuyés fur les trois côtés AS ou FS, SE ou SD, qui eft le même, & SG ou SB. C. Q. F. F.

Fig. 214.

Démonftration. Par la conftruction, les triangles FCe, GCE font égaux à ceux qui font repréfentés en projection en FEC, & GEC rectangles en C, quoique la projection les rende obliques, qu'ils foient en l'air & inclinés au plan ASB de toute la longueur PC, parce que GC eft perpendiculaire aux deux, & même trois lignes CS, CE ou CD qui font dans le même plan CES, & parce que par la même conftruction CE eft perpendiculaire à ES ou DS prolongé, qui doit être l'interfection des deux plans FES, GES, le plan paffant par FEG fera perpendiculaire à la même interfection, & aux deux autres : donc l'angle FEG ou fon égal F *e* G, eſt celui de l'inclinaiſon mutuelle des plans, appuyés ſur les trois lignes données AS, DS, BS.   C. Q. F. F.

COROLLAIRE.

De-là on tire la maniere de trouver l'angle d'un plan incliné avec un vertical, dont on a la projection ſur un côté de l'angle horizontal, & la plus grande hauteur de l'incliné, ou l'angle de ſon interſection avec le vertical & le côté horizontal, parce que ce cas n'eſt que la moitié du précédent, ou pour mieux dire une partie; ce qu'on expliquera ci-après par un exemple de pratique, après que nous aurons parlé de l'uſage des angles d'interſection des plans inclinés ou verticaux avec les horizontaux.

De la ſituation des angles des plans à l'égard de l'horiʒon.

On ſçait qu'en architecture toutes les opérations ſe réglent par le *niveau* & l'*à-plomb* : ainſi il eſt néceſſaire de faire attention à certaines conſéquences qu'on tire de la ſituation d'un angle quelconque, dont les côtés étant prolongés, coupent une ligne de niveau, ſçavoir, qu'il eſt égal à la ſomme, ou au ſupplément à deux

droits des angles que ſes côtés prolongés
font avec une ligne horizontale ou verticale.

Par exemple, que ſi les côtés d'un angle A D K ſont prolongés juſqu'à une ligne d'à-plomp V E ou V C, ou une de niveau F D, l'angle A D K eſt égal à la ſomme des angles A C K & D K C; ce qui eſt
démontré dans les Elémens de Géométrie. Il en ſera de même, ſi le côté K D
eſt prolongé juſqu'à une ligne de niveau
C n, le même angle ſera le ſupplément à
deux droits des angles D I C & D C I, par
la même raiſon que l'angle extérieur A D I,
ſon ſupplément à deux droits, eſt égal aux
deux intérieurs oppoſés, D I C, D C I.

D'où il ſuit que l'angle que fait un joint
de tête A *d*, avec une doële plate O *d*, eſt
le ſupplément à deux droits des angles que
la doële & le joint, prolongés au-delà de
ſon ſommet, font avec une ligne à plomb
V T, & que le même angle A *d* O de doële
& de joint de tête, eſt égal à la ſomme des
deux angles *d n* C & *d* C *n*, que ſes côtés
prolongés font avec une ligne de niveau.

D'où il ſuit que l'angle d'une doële plate
avec l'horizon, c'eſt-à-dire un *coup de niveau*, donne auſſi celui de la même avec
un *à-plomb*: car il n'y a qu'à lui ajouter
l'angle droit, on aura l'angle obtus *d o p*,
qui eſt celui de la doële plate avec l'à-plomb,

comme il est évident que l'angle *do p* est égal à son alterne *o d u* ; & par l'inverse, si l'on a l'angle de l'à-plomb avec la doële, on a aussi son supplément *od* T , auquel ajoutant l'angle droit, on a l'angle obtus *do* N , qui est celui de la doële avec l'horizon, ou, si l'on veut, pour un autre usage, son supplément à deux droits *do t*, qui est le complément de l'aigu *o d t*.

Remarque sur l'usage.

Les angles des doëles avec les à-plombs ou les niveaux, facilitent beaucoup l'appareil : mais il ne faut pas confondre l'à-plomb avec un plan vertical ; car l'horizon est immuable dans sa situation, en ce que les plans qui lui sont paralleles sont tous de niveau, & ont tous la même propriété ; mais les plans verticaux, qui sont tous à-plomb, n'ont pas pour cela la même situation & propriété, en ce qu'ils peuvent être tournés d'une infinité de côtés de l'horizon, vers les quatre parties du monde, septentrion, midi, orient & occident ; c'est pourquoi on ne peut en faire autant d'usage que des plans horizontaux, dont on répete toujours sûrement le profil par des lignes paralleles, plus hautes ou plus basses, qui sont toujours équivalentes, pour donner les inclinaisons des doëles plates, soit

en furplomb, en angle aigu, foit en talud, en angle obtus.

*Application du problême à la pratique du
trait pour trouver les biveaux des furfaces
planes des vouffoirs en toutes fortes de cas.*

Premiérement, il faut commencer par
chercher la fection des doëles plates avec
l'horizon, que l'on peut toujours trouver,
parce qu'elles lui font inclinées dans toutes
fortes de voûtes, & par-tout plus ou moins,
excepté aux clefs des berceaux de niveau :
car les clefs des inclinées en defcente ou
en montée étant prolongées, coupent toujours un plan horizontal plus ou moins
loin, felon la hauteur à laquelle on veut
fuppofer ce plan ; ce qui ne change en rien
l'angle d'inclinaifon, puifque toutes les lignes de niveau font paralleles entr'elles.

Si un berceau eft de niveau, toutes les
interfections des doëles plates avec l'horizon feront paralleles à fes impoftes droites
ou obliques fur leur face, foit en biais,
foit en talud ; mais fi les berceaux font en
montée ou en defcente, il n'en fera plus
de même, les interfections des doëles plates avec l'horizon feront inclinées à la direction de l'axe. Telles font auffi celles des
voûtes coniques & des fphériques faites fur
le fyftême des coniques.

Mais

Mais on peut faire de fauſſes ſuppoſitions
pour la commodité de l'exécution dans la
poſition des plans horizontaux , lorſqu'un
berceau eſt incliné en deſcente ; on peut
conſidérer que ſi on le mettoit de niveau
par ſes impoſtes, elles ſeroient alors dans
un plan horizontal , ſans qu'il en réſultât
d'autres changemens à ce berceau que celui de la dénomination de ſes faces , dont
celle d'entrée de deſcente , qui étoit à
plomb , deviendroit, par ce changement ,
en *ſurplomb* , & celle d'entrée de montée ,
qui étoit auſſi à plomb , deviendroit en *talud* ; ce qui n'opere aucun changement intrinſeque au cylindre ; auquel cas toutes
les ſections des doëles plates prolongées
ſeroient paralleles entr'elles & aux impoſtes ; ce qui donne plus de facilité de
trouver les biveaux, comme on va le voir
ci-après.

PROBLEME.

*Trouver les biveaux de toutes ſortes de voûtes
ſans former le ceintre de l'arc droit. Premiérement pour les voûtes en berceau de
niveau, où l'on demande les biveaux des lits
avec les doëles.*

Soit A B D E le plan horizontal d'un
berceau biais, dont le ceintre de face eſt
le demi-cercle A H B, & la ligne *p* N la

Tome II.   Q

projection du joint de lit, paſſant par la diviſion 7.3 des vouſſoirs. On prolongera la corde de l'arc 3.4, qui repréſente la doële plate du quatrieme vouſſoir, juſqu'à ce qu'elle rencontre le diametre horizontal A B, auſſi prolongé en O, par où on menera O S parallele à P N ; enſuite par le point P, projection du point 3, on tirera P R perpendiculaire à O S, qu'on prolongera auſſi vers q, où elle coupera l'axe C M prolongé.

On prolongera encore N p de la longueur, de la hauteur, de la retombée P 3, portée en P x : ſi l'on tire à ce point x les lignes q x & R x, l'angle Q x R ſera celui de doële 4.3 avec le lit 3.7 que l'on cherche. La raiſon en eſt claire, ſi l'on releve par la penſée le plan q R x, qui eſt ici couché ſur l'horizontal en ſituation verticale, qui lui ſera perpendiculaire & au plan du lit paſſant par le joint de tête 3.7. C. Q. F. F.

SECOND EXEMPLE

Pour les Berceaux droits ſur la direction, & en deſcente ou montée.

Quoiqu'on puiſſe opérer ſur ces berceaux comme s'ils étoient horizontaux, & comme nous venons de le dire, en faiſant la fauſſe ſuppoſition que le plan horizontal

paſſe par les impoſtes, nous ferons voir
qu'on peut ſans ce ſecours y appliquer le
même principe de conſtruction.

Soit CHKR le profil d'un berceau en
deſcente droite, dont le quart de cercle *Fig. 217.*
A 2 H eſt la moitié de l'élévation du ceintre
de ſon entrée, diviſé en ſes vouſſoirs 1.2.3,
dont les joints de tête ſont les lignes 1.7,
2.8, PS la projection du joint de lit qui
paſſe par le point 2, qu'on ſuppoſe le ſupérieur d'un vouſſoir 7.1.2.8, dont on
cherche le biveau de doële & de lit. On
tirera l'horizontale 2F juſqu'au profil de
tête HC qu'elle coupera en F, par où l'on
menera FI parallele à la ligne de rampe
CR, pour avoir la projection verticale de
ce ſecond joint de lit dans le profil CRKH
de toûte la voûte, lequel profil FI coupera
l'horizontale AC prolongée au point *x*.
Enfin on prolongera la corde 2.1 juſqu'en
O, où elle coupera l'horizontal AC prolongée : on portera enſuite la longueur C*x*
ſur la projection horizontale du même
joint de lit en PS, & du point S on tirera
au point O la ligne SO, qui ſera la ſection de la doële plate 1.2 avec l'horizon
OC paſſant par la naiſſance A du ceintre
de face AH. On prendra enſuite la hauteur de la retombée 2P pour la porter ſur
la projection de la face CA, prolongée de

P en *g*, d'où l'on tirera une ligne en S, &
fur S *g*, on fera une perpendiculaire *g* Q,
par où on ménera la perpendiculaire indéfinie *y* Y, qui rencontrera SO en Y, & H*c*
en *y*. On portera encore la longueur *g* Q
fur S Q prolongée en Q G, & des points
Y & *y*, on tirera à ce point G les droites Y G & *y* G prolongé vers L : l'angle
Y G L fera celui que l'on cherche pour
former le biveau de lit & de doële plate
du fecond voufloir 7. 1, 2. 8. *Ce qu'il
falloit faire.*

La démonftration de cette opération &
de l'exemple précédent, eft évidemment
la même que la premiere de ce problême, avec cette différence, que nous pre-
nions l'angle F *e* G, & qu'ici nous prenóns
fon fupplément à deux droits Y G L demandé.

TROISIEME EXEMPLE,

*Pour les voûtes coniques réduites en pyra-
mides par des doëles plates.*

La conftruction précédente conduit tout
naturellement à celle des biveaux des
voufloirs deftinés à former des voûtes
coniques, en ce que leurs doëles plates
inclinées à l'horizon, y donnent des lignes d'interjection qui concourent à l'axe

ou à sa direction, comme aux berceaux en defcente.

Soit A S B le plan horizontal d'une trompe droite entiere ou tronquée, par un *trompillon* d'une feule pierre qui en forme le fond ; dont le demi-cercle A H B, est le ceintre de face divifé en fes voufſoirs 1. 2, 3. 4, &c. On demande l'angle que font entr'elles les furfaces d'une doële plate, comme 1. 2, avec celle du lit défigné par fon joint de tête 1. 8.

Fig. 218.

Ayant fait la projection horizontale de ce joint en P S, par le point P, donné fur le diametre du ceintre par l'àplomb 2, P. On tirera la corde 2. 1, de la doële plate, qu'on prolongera jufqu'à la rencontre du diametre B A, auffi prolongé en O, pour tirer par ce point, & le fommet ſ du cône, la ligne O S qui fera la fection du plan de la doële plate avec celui de l'horizon, paffant par les impoftes A & B.

On élevera enfuite au point P une perpendiculaire fur P S, égale à la hauteur 2 P de P en P F, & l'on tirera la droite ſ F qui fera la valeur de la projection P S du joint de lit, à laquelle on fera une perpendiculaire F Q qui coupera ſ P prolongé en Q, par où l'on fera paffer une ligne indéfinie Y perpendiculaire à Q S, qui coupera d'un côté la fection de l'horizon

S*o* prolongée en Y, & l'axe du cône S C aussi prolongé en *y* : si l'on porte la longueur Q F en Q G sur S Q prolongée, & qu'on tire les lignes Y G & *y* L par G, l'angle Y G L, *sera celui qu'on cherche* pour former un biveau de lit & de doële.

Présentement, s'il s'agissoit de trouver le biveau de *doële & de tête*, qui est celui d'un plan incliné à l'horizon avec un vertical, on feroit usage de ce que nous avons dit au corollaire de ce problême, comme il suit.

La ligne S *o* de section de doële plate avec l'horizon, étant donnée, & la projection C B du plan vertical de la face sur ce même plan horizontal d'un point D, pris à volonté sur la tête de la doële plate 1. 2, on lui menera une perpendiculaire qui coupera le diametre A B au point C, par où on tirera une perpendiculaire au diametre A B, qui se trouve, dans ce cas, à l'axe C S, mais qui ne seroit pas de même, si le ceintre étoit elliptique ; ce point seroit alors en deçà ou en delà de C, parce que les perpendiculaires à un arc elliptique entre les deux axes, ne passent pas par le centre, comme nous l'avons dit au second livre ; mais plus près ou plus loin, selon que l'arc est surbaissé ou surmonté, & que le point est donné plus près ou plus loin du grand ou du petit axe.

On portera enſuite CD en C*d* qui tombera en dedans de B, parce que CD eſt
plus petit que le rayon de la fleche de l'arc
que la doële plate ſoutient comme une
corde ; ſi l'on tire *ſd*, l'angle obtus *ſd* B
ſera celui que l'on cherche pour former
le biveau de doële plate & de tête : comme il eſt clair par le corollaire de la dé-
monſtration du premier cas de ce problême où l'on peut prendre le point *o* au lieu
du point *ſ* de la premiere figure, & le
point *d* pour le point G de la même. *Ce
qu'il falloit faire.*

Il faut noter que ſi la voûte conique
étoit rampante, c'eſt-à-dire que l'axe fût
incliné à l'horizon, il faudroit en faire
le profil comme du berceau en deſcente ;
mais alors la ſection de la doële & de l'horizon *ſo* ne ſeroit plus une ligne droite,
mais une parabole, hyperbole ou ellipſe.

QUATRIEME EXEMPLE

Pour les ſphériques & ſphéroïdes.

Cet exemple n'a pas beſoin d'une figure
particuliere, parce qu'il n'eſt qu'une application de la conſtruction du cas précédent, d'un cône complet à un cône tronqué.

Nous avons remarqué ci-devant, en par-

lant des développemens des furfaces fphériques & fphéroïdes, que , pour fuppléer à
l'impoffibilité de les développer , c'eft-à-
dire les étendre en furfaces planes, comme l'on fait à l'égard des courbes cylindriques & coniques, on étoit réduit à divifer les fpheres & fphéroïdes par tranches
d'épaiffeur prife à volonté, & d'infcrire
dans chacune, une portion de cône tronqué : ainfi infcrivant auffi dans chacune
une portion de pyramide d'autant de côtés qu'il a de vouffoirs à faire, on retombera précifément dans le cas de l'exemple·
précédent, pour lequel nous avons trouvé
les biveaux de lit & de doële plate , &
de doële plate & de tête ; ainfi il eft inutile de le repéter.

Il faut feulement obferver que nous ne
parlons que des fpheres & des fphéroïdes
réguliers, c'eft-à-dire qui font formés par
la révolution d'un demi-cercle, ou d'une
demi-ellipfe , tournant fur fon grand ou
fon petit axe , mais non pas des *ellipfoïdes* ,
dans les tranches defquelles on ne peut pas
infcrire des tranches de cônes, parce que
celles-ci font engendrées par la révolution
d'un trapeze fur un de fes côtés, qui donne des circonférences circulaires , toujours
équidiftances de l'axe, mais les ellipfoïdes s'en approchent & s'en éloignent con-

tinuellement, suivant les contours des ellipses planes, qui font les sections de ces
corps perpendiculairement au même axe ;
on ne peut pas même les réduire en po-
lyëdres de surfaces planes quadrilateres,
parce que les quatre angles de ces sections
ne font pas dans un même plan ; ce qui
donne des surfaces qu'on appelle *gauches*.

CINQUIEME EXEMPLE

*Pour trouver les angles que font entr'elles les
doëles plates des berceaux de différentes
directions qui se pénétrent.*

Premier cas pour les angles rentrans des
voûtes en *arcs de cloître*, & second cas des
angles saillans des *voûtes d'arrête*.

Soit l'arc E A B H le ceintre d'enfourchement, dont E C est le demi-diametre,
& les points A & B, ceux de la division *Fig. 119.*
d'un voussoir du second rang qu'on se pro-
pose de faire dans une voûte en arc de
cloître, qui est le concours de deux berceaux qui se croisent suivant un arc E A H
qui est l'elliptique, si chacun d'eux est en
plein ceintre, ce qui est exprimé au dessous
par le plan horizontal où l'angle G *e* F est
celui de la rencontre des impostes, l'angle
D *a d* qui lui est parallele, sera celui du lit
de dessous du second voussoir qu'on se pro-
pose, & la diagonale *e h*, la projection de

l'arc d'enfourchement E A B H, qui est la même que le demi-diametre E C avec ses divisions de retombées P *p*, marquées, dans ce plan, en *a* C *b*.

Si l'on traçoit la figure d'un voussoir entier de cet enfourchement, ce seroit celle qu'on a ponctuée en partie *a* D *ibld*; mais comme il ne s'agit que de l'inclinaison mutuelle de deux plans qui se rencontrent en angle saillant ou rentrant, il nous suffit de considérer seulement une partie de leur surface pour déterminer le tout, & pour rendre l'objet plus simple, nous ne considérerons que les deux triangles *a* D *b* & *adb*, qui se coupent suivant la diagonale *ab*.

Ces deux surfaces triangulaires élevées vers le point *h*, au dessus du plan horizontal, & considérées avec un troisieme triangle qui est *a* D *d*, formeront une pyramide triangulaire couchée, dont le sommet est en *a*, qui fournit le moyen de trouver les angles que les plans, qui forment cet angle solide, font entr'eux, en suivant les moyens que nous en avons fournis dans ce problême. Mais pour plus ample explication, nous allons appliquer ce principe général dans une situation différente de position, en ce qu'elle est renversée des constructions précédentes.

Par le sommet B de l'arrête supérieure du vouſſoir, on tirera l'horizontale 1 R, qui rencontrera la verticale paſſant par le point inférieur A ou point 1, d'où l'on tirera ſur la corde A B de la doële plate, une perpendiculaire 1 U, dont on portera la longueur ſur la projection *eh* de *b* en *q*, d'où tirant les lignes *q d* & *q* D, l'angle obtus qu'elles formeront D *q d*, ſera celui du biveau que l'on cherche pour détermiñer l'inclinaiſon mutuelle des deux doëles plates de l'enfourchement, ſoit que le point *q* ſoit à droite ou à gauche du point *b*, ce qui ne change rien à cet angle : s'il s'étoit agi du premier rang de vouſſoirs, dont le profil du ceintre d'enfourchement eſt l'arc E A, on auroit prolongé l'horizontale K A en N, juſqu'à la rencontre de la verticale E N, & tiré N V perpendiculaire ſur la corde de cet arc E A : on auroit auſſi porté cette longueur N V de *a* vers *e* en *n*, ſur la projection horizontale *eh* de *a* en *n*, & tiré les lignes *n o*, *n r*, l'angle *o n r* ſeroit celui des doëles plates de rencontre du premier vouſſoir d'enfourchement.

On peut auſſi tirer par un point *m*, pris à volonté, ſur la corde E A, une perpendiculaire qui rencontreroit l'horizontale K N, prolongée en un point S ; mais alors il faudroit porter la longueur *ms* au plan

horizontal de *a* en S, & mener par ce point S, des paralleles aux lignes d'impoſte *e* G, *e* F, & prolonger les lignes *or* de part & d'autre, juſqu'à leur rencontre en 1. 2, pour avoir la baſe de l'angle 1. *s* 2.

DEMONSTRATION.

Pour rendre raiſon de ce changement de conſtruction, il faut montrer qu'elle eſt la même que la premiere de ce Problême, qui conſiſte à former une pyramide triangulaire de trois plans, dont il y en a deux des côtés qui ſont réels, & un troiſieme imaginaire pour fournir le moyen de trouver les angles que font entr'eux ceux dont il s'agit.

On répétera la même projection horizontale qu'à la figure précédente, déſignée avec quelques caracteres différens, pour ne pas confondre les lignes. Soit fig. 220 cette répétition de projection, on élevera au point B une ligne B T perpendiculaire ſur A *y*, & égale à la hauteur B T du profil E A H de la précédente figure 220. On menera la ligne A T à laquelle on fera une perpendiculaire T *g* qui coupera A *y* au point *g*, par où on menera à la même A *y*, la perpendiculaire *fi*, qui coupera les projections des joints de lit prolongés A *d*, A D en *f* & *i*. On portera la longueur *g* T

de *g* en *y* sur A*y*, pour avoir le point *y*,
duquel ayant tiré les droites *yf* & *yi*, on
aura l'angle *fyi* qu'elles comprennent
pour celui des doëles d'enfourchement, qui
se rencontrent en angle obtus saillant pour
les voûtes d'arêtes, & rentrans, pour les
arcs de Cloître, lequel angle est égal à celui de la figure précédente D*qd*.

Pour le démontrer il faut faire remarquer que le triangle ATB de la fig. 220
est égal à celui du profil AB*t*, parce
qu'ils sont tous deux rectangles, & ont
deux côtés égaux, sçavoir, AB de la seconde projection égal à A*t* du profil, &
BT de la fig. 220, égal à la hauteur de la retombée B*t* du profil par la construction ;
& le triangle AIB étant égal à A*t*B, si l'on
tire sur la diagonale AB une perpendiculaire par un des angles opposés I, ou *t*
comme I*u* & *il*, elles seront parfaitement
égales entr'elles ; donc le triangle A*g*T
est semblable au triangle AB*x*, par conséquent *x*B & T*g* sont proportionnelles
aux lignes AB & A*g* ; mais *gy* est égal
à *g*T par la construction ; de même que
B*q* = B*x* : donc dans les triangles A*q*D
& A*yf*, les lignes *qd* & *yf* sont paralleles, puisque ces deux triangles sont semblables, ayant deux côrés proportionnels
& un angle comme en A ; donc les deux

conftructions donnent le même angle des plans A *f y i* & D *q d* ; *ce qu'il falloit démontrer.*

SIXIEME EXEMPLE

Pour trouver les biveaux des angles d'enfourchement de deux berceaux de différentes inclinaifons à l'égard de l'horizon, comme un de niveau, & l'autre en defcente.

Soit le parallélogramme A B D C la projection horizontale de deux doëles plates, qui fe coupent fuivant la diagonale A D, avec cette circonftance que les côtés ou impoftes A C & A B ne font pas dans le même plan horizontal, mais l'une de niveau A|C, & l'autre en defcente A B, fuivant un angle donné B A G, mis en profil au deffous de ce plan.

On élevera fur la projection de leur interfection A D la perpendiculaire D H égale à la hauteur de la retombée D H, qu'on fuppofe connue par le profil A H C de la ligne A C inclinée au deffus du plan horizontal, paffant par A C, qui fera repréfenté par la ligne A H. Sur C D prolongé dans le plan horizontal paffant par A C D, on portera la même hauteur D H en D N ; du même point D on menera une perpendiculaire fur A B qui la coupera en F, le profil de la defcente AG au point G; on portera la hauteur FG fur l'horizontale AF en Fg; enfuite par les points trouvés g & N, on tirera la droite gN qui coupera DF au point Z; la ligne menée du point A par Z, fera la fection de la doële en defcente avec l'horizon paffant par AC, de forte qu'au lieu de l'angle CAB qu'on auroit eu pour celui d'interfection des deux doëles avec l'horizon, on aura un angle plus refferré CAZ, fur lequel on conftruira le problême, comme fi les berceaux étoient de niveau, ainfi qu'on vient de l'enfeigner au cas de l'exemple précédent; ce qu'il eft inutile de répéter.

Il eft encore une autre maniere de trouver cette interfection A$z y$ dans celui-ci. On portera la hauteur de la retombée DH perpendiculairement fur l'horizontale CD en Dh, & l'on fera l'angle Dhy égal au complément de celui de la defcente BAG, ou, ce qui revient au même, en tirant hy, parallele à AG, jufqu'à ce qu'elle rencontre CD prolongée en y; la ligne Ay fera la même fection de la doële, dont l'impofte eft inclinée à l'horizon en defcente, au deffous du niveau de l'impofte AC; après quoi on opérera de même qu'au cas précédent, comme il fuit:

Par le point H du profil de la ligne de

projection **A D**, on tirera la perpendiculaire **H E** fur **A D** prolongé, qu'elle coupera au point **E**, par où on tirera une perpendiculaire fur **A E**, qui coupera le côté
A C prolongé en **K** d'un côté, & **A***y* en
x de l'autre ; fi l'on porte la longueur **E H**
en **E I** fur **A E** prolongée, & qu'on tire des
lignes de ce point **I** en **K** & en *x*, l'angle
K I *x* fera celui de l'inclinaifon mutuelle
des doëles, dont on cherche l'ouverture
pour former un biveau. Il eft aifé d'appliquer cette conftruction à tout autre vouffoir d'enfourchement qu'à celui-ci que
nous avons fuppofé être le premier, en
répétant pour chaque rang la même opération, faifant paffer une horizontale par le
lit inférieur qui eft au bas de la diagonale
de l'interfection des deux doëles, & prenant les hauteurs des retombées fur le profil de cette diagonale.

D E M O N S T R A T I O N.

Les lignes d'interfection des doëles plates
étant une fois trouvées, & fuppofées bon-
nes, il n'y a aucune différence de la conftruction de ce cas, avec celle du premier
du problême : ainfi il eft inutile d'en répéter la démonftration.

Il n'y a donc ici d'extraordinaire à démontrer que la maniere de chercher la fection

tion de la doële, dont l'impofte A B, qui eft en defcente avec le plan horizontal, qu'on fuppofe paffer par l'impofte de l'autre berceau A C, qui eft de niveau.

Puifque l'on fuppofe que la ligne A C de l'impofte du berceau de niveau eft horizontale, & que A B ou A F eft la projection auffi horizontale de l'impofte en defcente, on peut confidérer l'une & l'autre comme étant dans un même plan ; mais le point F, par la fuppofition, étant au deffus de l'impofte rampante A G, qui s'en écarte en defcendant, fera éloigné d'une hauteur qu'il faut chercher par le profil dans un plan vertical paffant par A F. Soit ce profil l'angle donné de defcente F A G, exprimé par un autre profil à part F D h G, la hauteur F G, déterminée par la perpendiculaire D G de la 1re fig. fera celle de l'à-plomb de diftance au deffous du point F, fous lequel eft le point G qui en eft féparé à la premiere figure, parce que l'angle de defcente eft ici en profil & joint au plan qui eft un genre de repréfentation différent de celui de la projection horizontale.

Or fi l'on porte cette hauteur F G verticale fur l'horizontale A F en F g, & qu'on porte la hauteur H D, qui eft au contraire au deffus du plan horizontal de la projection en D N parallele à g P ;

la ligne *g*N, couchée de niveau, repréfentera celle qui feroit inclinée dans un
plan vertical, paffant par F D au deffous
de l'horizon par G, & au deffus par **H**,
comme on voit au profil de la deuxieme
figure G H paffant par *z* : donc elle coupera le plan horizontal, paffant par A D au
point *z* dans le rapport des diftances horizontales *z* F & Z D, & les hauteurs verticales F G ou fon égale F *g* fous l'horizon,
& D H ou fon égale D N au deffus de
l'horizon; ce que l'on concevra plus facilement, fi l'on imagine le fyftême horizontal *g* F *z*, D N Z, tourner fur D F
comme au tour d'un axe, jufqu'à ce que
les lignes F *g* & D N prennent une fituation verticale, comme on le voit au pro-
filfé paré *g* F, *h* D, dont la ligne A Z *y* eft
une horizontale, traverfant le plan incliné de la defcente de la doële plate d'un
rang de vouffoirs du berceau en montée
ou defcente, qui fe joint à l'horizontal
A C D. *Ce qu'il falloit faire.*

On peut obferver que, pour former les
biveaux de tous les angles rectilignes, il
n'eft pas néceffaire que le trait de l'épure
foit fait dans toute fa grandeur naturelle;
il fuffit que les lignes qui fervent à trouver ces angles, foient entr'elles en même
proportion, plus petites, comme à moi-

tié , au tiers ou au quart de l'ouvrage à faire, parce que c'est la seule ouverture de deux
lignes , qui forme un angle rectiligne , les
longueurs des bras n'y changent rien ,
comme l'on sçait par les Elémens de Géométrie ; tous les angles de même ouverture
font égaux , quoique leurs côtés soient de
longueurs inégales.

Il n'en est pas de même des biveaux à
former fur des angles curvilignes ou
mixtes , à même ouverture : ils font semblables , mais non pas égaux , comme les
rectilignes ; ce que l'on apperçoit évidemment.

Il me semble que nous n'avons rien
laissé à désirer fur les différentes manieres
les plus aisées à trouver les angles des
plans , dont on doit former les biveaux
d'appareil nécessaires pour abattre la pierre,
de façon que les paremens , les lits & les
têtes soient inclinés entr'eux , comme il
convient à la solidité & à la régularité
de la partie que chaque vouffoir occupe
dans le corps d'une voûte quelconque.

Quant aux angles curvilignes , comme
font ceux des enfourchemens de deux
doëles , il faut en préparer les surfaces par
des doëles plates , réglées fur les cordes
des arcs dont elles font les foutendantes,
& les largeurs de ces doëles.

R ij

Les angles mixtes, qui font les plus ordinaires pour affembler les furfaces planes des lits ou des têtes, dans les voûtes
en berceau, & fphériques, fe forment fouvent fans préparation de doële plate,
parce qu'il fuffit que la branche droite
du biveau mixte foit appuyée fur le lit
ou la tête, ou le lit en joint, & dirigé
perpendiculairement à la ligne qui eft tracée pour l'arête de rencontre de la furface droite avec la courbe; ce qu'on apperçoit de foi-même, quand on a vu couper un peu de trait, c'eft-à-dire exécuter
en petit ou en grand, fur la pierre ou fur
le bois.

Je ne poufferai pas plus loin les Elémens de notre Stéréotomie, qui n'a pour
but que l'Architecture des voûtes, ou des
formations de quelques parties d'édifices
de figures fingulieres, fouvent néceffaires pour corriger l'irrégularité des lieux,
ou par l'imagination d'un Architecte, qui
veut donner du nouveau dans fa compo-
fition. Je crois en avoir affez clairement
expofé les principes de théorie & de pratique, pour mettre un Curieux ou un Ar-
tifte, en état de les connoître & d'en faire
l'application, pour exécuter tout ce qui
peut fe prefenter.

Fin du fecond & dernier Volume.

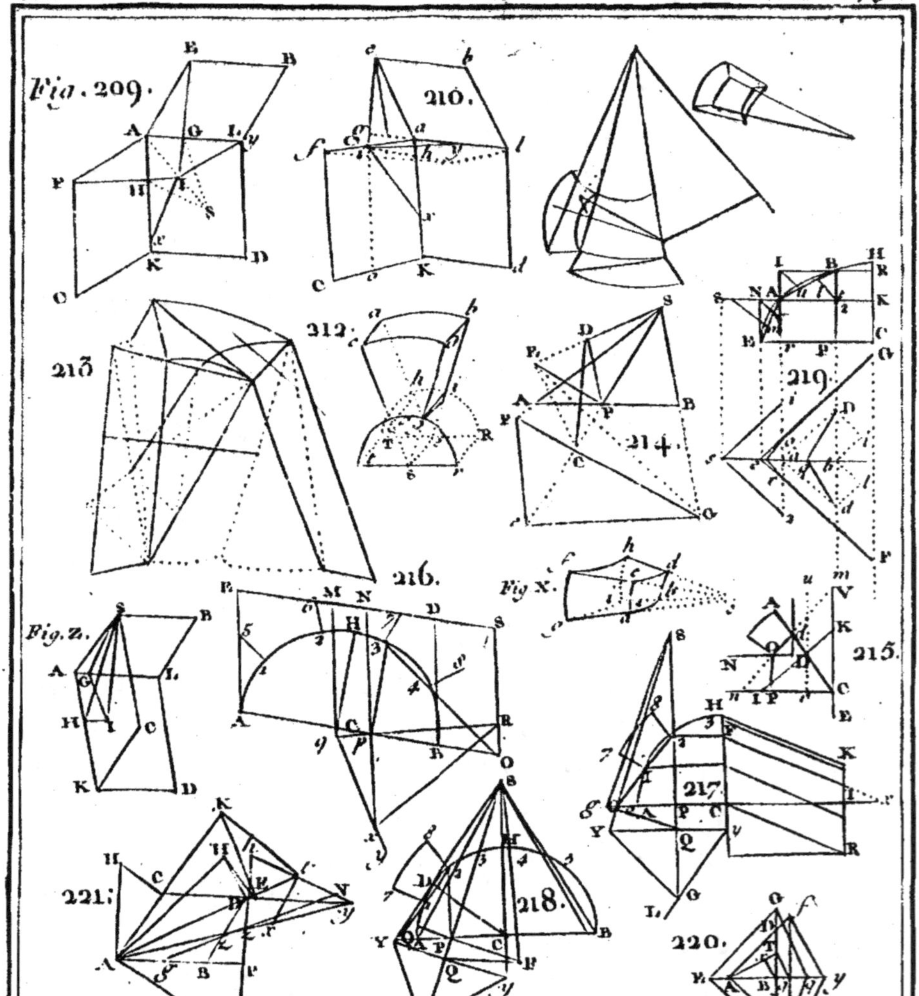

Fig. 209.
210.
213.
212.
214.
219.
216.
Fig. X.
215.
Fig. Z.
217.
221.
218.
220.

CATALOGUE des Livres d'Architecture qui se trouvent chez Charles-Antoine JOMBERT, rue Dauphine, à l'Image Notre-Dame, à Paris.

ARCHITECTURE Françoise, ou Description des Maisons Royales & des plus beaux Edifices de Paris, avec des Dissertations historiques & critiques sur chacun de ces monumens. Par M. Blondel, de l'Académie d'Architecture, *in-fol.* grand papier, enrichie d'un très-grand nombre de planches.

Architecture moderne, ou l'art de bien bâtir pour toutes sortes de personnes ; où il est traité de la construction, de la distribution, des devis, du toisé, & des us & coutumes : en deux volumes *in-4°.* grand papier, enrichis de près de 150 planches,   33 liv.

Suite du même Ouvrage. De la décoration extérieure & intérieure des Edifices modernes, & de la distribution des maisons de plaisance. Par M. J. Fr. Blondel, Architecte du Roi. 2 vol. *in-4°.* gr. pap. avec plus de 150 planches,   42 liv.

Discours sur la nécessité de l'étude de l'Architecture & sur sa prééminence sur les autres Arts ; par le même, *in-12.* 1754. broché,   1 liv. 4 f.

Cours d'Architecture, qui comprend les Ordres de Vignole, avec un commentaire, & des instructions & préceptes sur ce qui regarde l'art de bâtir. Nouvelle édition enrichie de quantité d'exemples & de desseins de toutes les parties de l'Architecture. Par le sieur d'Aviler, *in-4°.* grand papier, avec plus de 100 planches,   24 liv.

Suite. Dictionnaire d'Architecture Civile & Hydraulique, où l'on explique les termes de l'art de bâtir & de ses différentes parties, comme la décoration extérieure & intérieure des Edifices, le Jardinage, la Menuiserie, la Charpenterie, la Serrurerie, la Construction des Ecluses & des Canaux, &c. par Augustin-Charles d'Aviler. Nouv. édit. considérablement augmentée, *in-quarto,* grand papier.   15 liv.

Regle des cinq Ordres d'Architecture. Par Jacques Barrozzio de Vignole. Brochure *in-fol.* en 30 planches,   3 liv.

Le même ouvrage *in-12.* relié en parchemin,   1 liv. 16 f.

Abrégé du Parallele de l'Architecture antique avec la moderne, suivant les dix principaux Auteurs qui ont écrit sur les

cinq Ordres. Par M. de Chambray. Avec le difcours gra-
vé ; augmenté des piédeftaux pour chaque Ordre. *In-fol.*
en 100 planches,   12 liv.
Maniere de deffiner les cinq Ordres d'Architecture & les parties qui en dépendent, fuivant l'antique. Par Abr. Boffe,
in fol. en plus de 100 planches,   18 liv.
Œuvres d'Architecture d'Antoine le Pautre, Architecte du
Roi, contenant la defcription de plufieurs Châteaux, Egli-
fes, Portes de Ville, Fontaines, &c. de l'invention de
l'Auteur, *in-fol.* avec 60 planches,   18 liv.
La Théorie & la pratique de la coupe des pierres & des bois.
Par M. Frezier, Ingénieur en chef à Landau. En trois volumes *in-4°.* avec 120 planches.   40 liv.
Elémens de Stéréotomie ; à l'ufage de l'Architecture, ou
Abrégé de la théorie & de la pratique de la coupe les pierres. Par le même Auteur, en deux volumes *in-8°.* avec figures,   12 liv.
La Théorie & la pratique du Jardinage, où l'on traite à fond
des Jardins de plaifance & de propreté, avec un Traité
d'hydraulique convenable aux Jardins. Quatrieme édition
augmentée, avec quantité de planches, *in-4°.* 1747, 15 liv.
Traité phyfique de la culture & de la plantation des arbres ;
avec la maniere de les exploiter, de les débiter & de les
échantillonner fuivant les différens ufages auxquels ils font
propres. Par M. Roux, *in-12.* 1750,   2 liv. 10 f.
Traité de Charpenterie & des bois de toutes efpeces ; avec un
tarif général des bois de toutes fortes de longueurs & grof-
feurs, dans un goût nouveau, & un Dictionnaire des termes de charpenterie. Par M. Mefange. En deux volumes
in-8°. avec figures, 1753.   12 liv.
L'art de la Charpenterie de Mathurin Jouffe. Nouvelle édition, corrigée & augmentée de ce qu'il y a de plus curieux
dans cet art, & des machines néceffaires à un Charpentier.
Par M. de la Hire, *in-fol.* Nouvelle édition, 1751. 12 liv.
Détails des Ouvrages de Menuiferie pour les bâtimens, où
l'on trouve les différens prix de chaque efpece d'ouvrages,
avec les tarifs néceffaires pour le calcul de leur toifé. Par
M. Potain, *in-8°.* 1749,   6 liv.
Nouveau Tarif du toifé de la maçonnerie, tant fuperficiel
que folide, où l'on trouve les calculs tout faits fans mettre
la main à la plume ; avec le toifé des bâtimens, fuivant la
coutume de Paris, & le toifé du bout-avant. Par M. Mefange, *in-8°.* 1746,   7 liv.

La Méchanique du feu, ou Traité de la construction de nouvelles cheminées, qui échauffent davantage & sont moins
sujettes à la fumée. Par M. Gauger, *in-12.* avec figures.
Nouvelle édition. 1749,   3 liv.

Œuvres d'Architecture de Jean Marot, appellé le *Grand
Marot*, contenant les plans, élévations, coupes & vues
perspectives des plus beaux édifices de son tems, *in-fol.* 48 l.

Les délices de Paris & de ses environs, ou Recueil de Vues
perspectives des anciens monumens de Paris, & des
Maisons de plaisance situées aux environs de cette ville;
en plus de 200 planches dessinées & gravées par Perelle,
in-fol. grand papier,   50 liv.

Les délices de Versailles, des Maisons royales & des Châteaux les plus considérables de France, en près de 200
planches dessinées & gravées par Perelle, *in-fol.* grand
papier. *Sous presse,*

Œuvres d'Architecture de Jean le Pautre, contenant des
desseins d'ornemens de toute espece, & divers exemples
des différentes parties de l'Architecture qui sont susceptibles
de décoration. En trois volumes *in-fol.* petit format, contenant près de 780 planches,   80 liv.

Plans, Elévations & Profils du Temple & des Palais de Sa-
lomon. Par M. Mallet, Consul à Smyrne; en 22 planches,
avec des figures de Seb. le Clerc,   6 liv.

L'Architecture de Palladio, 2 vol. *in-fol.*   72 liv.

Ouvrages de M. Felidor, *Colonel d'Infanterie, des Acadé-
mies des Sciences de France, d'Angleterre & de Prusse, &c.*

Nouveau Cours de Mathématique à l'usage de l'Artillerie &
du Génie, où l'on applique les parties les plus utiles de
cette Science à la théorie & à la pratique des différens sujets
qui peuvent avoir rapport à la guerre, *in-4°.* nouvelle
édition corrigée & augmentée considérablement, avec 34
planches, 1757.   15 liv.

Le même Ouvrage en grand papier.   24 liv.

Le Bombardier François, ou nouvelle Méthode pour jetter
les bombes avec précision; avec un Traité des Feux d'artifice, *in-4°.* Paris de l'Imprimerie Royale.   15 liv.

Abrégé du même ouvrage en un vol. *in-12.*

La Science des Ingénieurs dans la conduite des travaux de
fortification & d'architecture civile, *in-4°.* gr. pap. 24 liv.

Architecture Hydraulique. *Premiere Partie.* Qui contient
l'art de conduire, d'élever & de ménager les eaux pour les

différens besoins de la vie. En deux volumes *in-4°*. grand
papier, avec 100 planches,   40 liv.
Architecture Hydraulique. *Seconde Partie.* Qui comprend
l'art de diriger les eaux de la mer & des rivieres à l'avantage de la défense des places, du commerce & de l'agri-
culture. En deux volumes *in-4°*. grand papier, enrichis de
120 planches,   50 liv.
Dictionnaire portatif de l'Ingénieur, où l'on explique les principaux termes des sçiences les plus néceffaires à un homme de guerre, *in-8°*. 1756.   3 liv. 12 f.

Ouvrages de M. LE BLOND, *Maître de Mathématique des
Enfans de France, & Profeffeur de Mathématique des Pages
du Roi.*
Abrégé de l'Arithmétique & de la Géométrie de l'Officier,
contenant les quatre premieres opérations de l'Arithmétique, les Regles de trois & de compagnie; les principes
de la Géométrie, néceffaires pour les Fortifications, &
pour lever des Cartes & des Plans; le Toifé des furfaces &
des folides, &c. *in-12.* avec figures. Nouvelle édition,
1758.   3 liv.
Elémens de Fortification, à l'ufage des jeunes Militaires,
contenant les principes & la defcription raifonnée des
différens Ouvrages qu'on employe à la fortification des
Places; les fyftême des principaux Ingénieurs; la Fortification irréguliere, &c. *in-12.* avec beaucoup de figures.
Quatrieme édition, 1756.   3 liv. 10 f.
L'Arithmétique & la Géométrie de l'Officier, contenant la
théorie & la pratique de ces deux fciences appliquées aux
emplois de l'homme de guerre. En deux volumes, *in-8°*.
enrichis de 45 planches, 1748.   12 liv.
Suite du même Ouvrage. Effai fur la Caftramétation, ou fur
la maniere de former, de tracer & de mefurer un camp,
in-8°. avec figures, 1748.   6 liv.
Elémens de la Guerre des Sieges, où il eft traité de l'artillerie, de l'attaque & de la défenfe des Places; avec un Dictionnaire des termes les plus ufités dans la guerre des fieges.
En 3 vol. *in-8°*. enrichis de plus de 30 planches, nouv. édit.
Elémens de Tactique, où l'on traite de l'arrangement & de
la formation des troupes, des évolutions de l'Infanterie &
de la Cavalerie, des principaux ordres de bataille, de la
marche des armées, & de la caftramétation, *in-4°*. avec
figures, 1758.   15 liv.